杨松有　顾惠烽　等　编著

化学工业出版社

·北京·

内容提要

《汽车改装技能速成》主要介绍汽车改装的基本方法和操作技能，包括车身改装、底盘改装、发动机改装、电气改装、内饰改装和赛车改装。

本书内容系统实用，图文并茂，通俗易懂。涵盖车身颜色、车身包围、倒车雷达、汽车尾翼、行李架、前后护杠、行车系统、制动系统、悬架系统、排气系统、进气系统、点火系统、行车电脑、车载导航、汽车大灯、车载音响、电动尾门、电动踏板、一键启动、油门加速器、液晶仪表、抬头显示器、星空顶、方向盘、座椅、安全带等方方面面的改装知识。重点介绍操作方法、操作步骤和操作要领。

本书适合对汽车改装感兴趣的读者和汽车维修相关人员使用，可作为汽车改装企业的教学培训指导用书，也可供职业技术院校汽车相关专业师生参考。

图书在版编目（CIP）数据

汽车改装技能速成 / 杨松有等编著. —北京：化学工业出版社，2020.9（2023.3重印）
ISBN 978-7-122-37239-0

Ⅰ. ①汽⋯　Ⅱ. ①杨⋯　Ⅲ. ①汽车改造　Ⅳ. ①U472

中国版本图书馆 CIP 数据核字（2020）第 103889 号

责任编辑：黄　滢　　　　　　　　　　装帧设计：王晓宇
责任校对：王素芹

出版发行：化学工业出版社（北京市东城区青年湖南街13号　邮政编码100011）
印　　装：涿州市般润文化传播有限公司
710mm×1000mm　1/16　印张11　字数194千字　2023年3月北京第1版第2次印刷

购书咨询：010-64518888　　　　　　　　售后服务：010-64518899
网　　址：http://www.cip.com.cn
凡购买本书，如有缺损质量问题，本社销售中心负责调换。

定　　价：69.00元　　　　　　　　　　　　　　　　　版权所有　违者必究

前言

改装车主要面向的是对量产车某些性能或者外观样式等具有个性化需求的用户。

随着我国汽车消费群体的日益发展壮大，个性化消费群体的数量也在逐年增多，他们已经不再仅仅满足于普通量产车那种千篇一律的设计风格及参数配置了，而是希望拥有一量为自己所喜爱的能够体现自身个性风格的改装车。因此，国内对汽车改装技术的市场需求也日益增大。

为满足汽车改装技术爱好者及汽车维修从业者对汽车改装相关理论知识和实践技能的日益增长的需求，特编写了本书。

本书编写时注重体现以下特点。

（1）内容全面，翔实系统。全面介绍车身、底盘、发动机、电气、内饰和赛车的改装方法和操作技能。涵盖车身颜色、车身包围、倒车雷达、汽车尾翼、行李架、前后护杠、行车系统、制动系统、悬架系统、排气系统、进气系统、点火系统、行车电脑、车载导航、汽车大灯、车载音响、电动尾门、电动踏板、一键启动、油门加速器、液晶仪表、抬头显示器、星空顶、方向盘、座椅、安全带等方方面面的改装知识。

（2）案例真实，注重实用。重点介绍汽车改装的相关知识点和操作方法、操作步骤、操作技巧和操作要领。并由全国知名改装企业——广州改啊汽车科技有限公司提供真实的一线车间改装案例。

（3）图文并茂，通俗易懂。主要针对汽车改装爱好者和汽车维修相关技术人员，兼顾汽车改装培训机构及各类职业技术院校汽车相关专业师生，并力求让对汽车改装感兴趣的普通私家车主及相关人员也能看懂。

（4）图片丰富，装帧精美。选用高质量的铜版纸全彩色印刷，操作步骤一目了然，一看就懂。

（5）专业视频，配套讲解。配套30个高清操作视频讲解，扫描书内二维码即可观看，学习效果事半功倍。

参加本书编写的人员有杨松有、顾惠烽、张浩、刘观芳、朱如坤、陈浩澄、廖毅生、李裴、周焜、罗永志。

限于笔者水平，书中疏漏之处在所难免，敬请广大读者批评指正。

编著者

目录

第1章　汽车改装基本知识　1

    1.1　汽车改装国内、国外现状及发展前景　/ 1
        1.1.1　汽车改装国内现状及发展前景　/ 1
        1.1.2　汽车改装国外现状及发展前景　/ 3
    1.2　汽车改装法律法规　/ 5
        1.2.1　严格禁止　/ 5
        1.2.2　外观　/ 6
        1.2.3　内饰　/ 7
        1.2.4　《机动车登记规定》有关情形　/ 7
    1.3　汽车改装的定义和分类　/ 8

第2章　汽车车身改装　11

    2.1　加装汽车车身包围　/ 11
        2.1.1　汽车车身包围及安装车身包围的优缺点　/ 11
        2.1.2　如何合理选择汽车车身包围　/ 13
        2.1.3　施工与质检　/ 15
    2.2　改装汽车车身颜色　/ 18
        2.2.1　包膜　/ 18
        2.2.2　工具的使用　/ 19
        2.2.3　如何选择贴膜材料　/ 22
        2.2.4　施工作业　/ 23
    2.3　汽车车门改装剪刀门　/ 38
    2.4　加装汽车尾翼　/ 41
        2.4.1　如何合理选择汽车尾翼　/ 41
        2.4.2　施工与质检　/ 42
    2.5　加装倒车雷达　/ 43

2.5.1 如何合理选择倒车雷达 / 43

2.5.2 施工作业 / 44

2.5.3 质检 / 49

2.6 加装固定踏板 / 50

2.6.1 如何合理选择固定踏板 / 50

2.6.2 施工作业 / 52

2.6.3 质检 / 55

2.7 加装行李架 / 55

2.7.1 如何合理选择行李架 / 55

2.7.2 施工作业 / 56

2.7.3 质检 / 58

2.8 加装前后护杠 / 58

2.8.1 如何合理选择前后护杠 / 58

2.8.2 施工作业 / 59

2.8.3 质检 / 61

第 3 章　汽车底盘改装　

3.1 行车系统 / 63

3.1.1 改装轮胎轮圈 / 63

3.1.2 升级轮辋 / 64

3.1.3 轮胎和轮辋升级的原则及替换规格 / 66

3.2 制动系统 / 70

3.2.1 如何合理选择一套适合自己汽车的高性能制动套件 / 71

3.2.2 如何选择一套高性价比的制动升级系统 / 72

3.2.3 制动升级系统安装施工步骤及说明 / 73

3.3 悬架系统 / 79

3.3.1 如何选择合适的运动短弹簧 / 79

3.3.2　施工与质检　/ 80
　3.4　车身强化　/ 83
　　3.4.1　强化件：轻松解决车身变形问题　/ 83
　　3.4.2　安装位置与功能　/ 84
　　3.4.3　施工与质检　/ 87
　3.5　排气系统　/ 89
　　3.5.1　如何合理选择汽车排气系统　/ 89
　　3.5.2　安装更换头段、中尾段的操作过程　/ 90

第 4 章　汽车发动机改装　99

　4.1　进气系统　/ 99
　　4.1.1　改装碳纤维进气套件　/ 99
　　4.1.2　改装高流量风格　/ 103
　4.2　点火系统　/ 105
　　4.2.1　蓄电池的改装　/ 105
　　4.2.2　火花塞的改装　/ 107
　　4.2.3　点火线圈的改装　/ 110
　4.3　行车电脑　/ 112
　　4.3.1　如何合理选择行车电脑　/ 112
　　4.3.2　施工与质检　/ 113
　4.4　加装外挂电脑　/ 114
　　4.4.1　如何选择合适的外挂电脑模块　/ 114
　　4.4.2　施工与质检　/ 114

第 5 章　汽车电气改装　117

　5.1　改装汽车车载导航　/ 117

5.1.1 如何合理选择车载导航 / 117

5.1.2 施工与质检 / 118

5.2 车窗改装一键升降功能 / 122

5.2.1 如何合理选择一键升窗 / 122

5.2.2 施工与质检 / 123

5.3 改装汽车前大灯总成 / 125

5.3.1 如何合理选择前大灯总成 / 125

5.3.2 施工与质检 / 126

5.4 改装汽车车载音响 / 129

5.4.1 如何合理选择车载音响 / 129

5.4.2 施工与质检 / 130

5.5 改装汽车电动尾门 / 133

5.5.1 如何合理选择电动尾门 / 133

5.5.2 施工与质检 / 134

5.6 改装汽车电动踏板 / 138

5.6.1 如何选购电动踏板 / 138

5.6.2 施工与质检 / 139

5.7 改装汽车一键启动 / 140

5.7.1 如何合理选择一键启动 / 140

5.7.2 施工与质检 / 141

5.8 加装电子油门加速器 / 143

5.8.1 如何合理选择电子油门加速器 / 143

5.8.2 施工与质检 / 144

5.9 更换液晶仪表 / 145

5.10 改装抬头显示器 / 148

第 6 章 内饰改装　　　157

6.1 改装星空顶 / 157

6.1.1 如何合理选择星空顶 / 157
  6.1.2 施工与质检 / 158
 6.2 方向盘改装 / 160

第 7 章 赛车改装 165

《汽车改装技能速成》配套视频

序号	二维码视频内容	页码	序号	二维码视频内容	页码
1	加装汽车车身包围	11/17	16	前制动器的检查与更换	75
2	贴膜工具的使用	19/21	17	独立悬架概述	79
3	汽车大灯包膜施工作业	24/62	18	加装车身强化件	83/87
4	汽车后视镜包膜施工作业	25/27	19	改装排气系统	89/98
5	汽车前两侧翼子板包膜施工作业	29	20	改装碳纤维进气套件	99/102
6	汽车后两侧翼子板包膜施工作业	32	21	改装高流量风格	103/104
7	汽车侧裙下护板包膜施工作业	33/62	22	加装外挂电脑	116
8	汽车前保险杠包膜施工作业	34/35	23	改装汽车车载导航	117/121
9	汽车后保险杠包膜施工作业	36/37	24	车窗改装一键升降功能	123/156
10	汽车车门改装剪刀门	38/41	25	改装汽车车载音响	130/156
11	加装倒车雷达	43/49	26	改装汽车电动尾门	133/138
12	加装固定踏板	50/53	27	改装汽车一键启动	141/156
13	加装行李架	55/57	28	加装电子油门加速器	143/144
14	加装前后护杠	59/62	29	更换液晶仪表	145/147
15	轮胎的检查与更换	63	30	改装抬头显示器	149/156

第 1 章
汽车改装基本知识

1.1　汽车改装国内、国外现状及发展前景

1.1.1　汽车改装国内现状及发展前景

　　汽车定制改装主要包括汽车定制、汽车后装和汽车改装三大类业务。汽车定制按照定制的内容可以分为全车定制、零件定制和内饰定制。目前，豪华汽车品牌已推出全车定制，但价格极为昂贵，其他中低端车辆品牌大多处于对装备配件进行普通定制阶段，即用户只能在厂商开放的参数范围内进行选择，并且由于智能化定制尚未大规模推广，其价格相比普通车辆较高。

1.1.1.1　中国汽车定制改装行业现状分析

（1）定制车的成本控制

　　汽车定制的个性化意味着较高的成本价格，对于汽车定制厂商而言，若要实现汽车定制规模化、通用化，势必要考虑成本问题。这些成本不仅包括制造，还包括研发、物流等。特别对于汽车定制生产销售模式尚未固定、成熟的企业而言，转向智能化定制模式的过程中，必须经历高成本消耗阶段。

（2）技术限制导致用户需求不足

在接受调查的网民中，有超过一半的人不愿意购买定制汽车，其中一个原因是定制汽车的优越性没有远超普通汽车。受到技术限制，定制汽车无法完全突破自身。这就意味着，定制汽车对普通大众而言不存在强大的吸引力。

（3）改装的法律监管问题

根据公安部《机动车登记办法》有关规定，在用汽车轮胎规格、进气系统、排气系统都是国家不允许变更的项目。

1.1.1.2 中国汽车定制改装行业发展趋势

目前中国正处在汽车定制产业的起步发展阶段，能够基本满足消费者的浅层定制，即对车身部分参数进行选择，而对汽车定制规模化生产程度不高，有待进一步发展。"艾媒咨询"分析师认为，受厂商限制，定制内容集中在外观、内饰和装备配置，基础系统部分可选项较少，用户尚无法实现自由定制，但是汽车定制改装逐渐成为用户的重要需求，汽车定制改装是汽车企业转型升级的主要发展路径之一。随着消费水平的提高、技术的进步和成本价格的下降，未来汽车改装行业将走向分散化生产，以满足用户完全自由定制的需求。

定制汽车能根据用户需求配备各种装备或系统，并进一步通过人工智能、车联网等技术使定制汽车在技术和设备上有利于人车交互的深化。"艾媒咨询"分析师认为，技术发展将促进定制汽车人车交互的深化，在视、听、说、动等多个方面达成人与车的互动，最大化提升汽车用户的驾驶体验。

有分析师认为，在注重服务消费、消费体验、兴趣消费的新消费趋势下，作为网购主力的年轻群体、独立的中产新女性、有发展需求的"城市新移民"、更注重健康安全的新兴消费群体将成为汽车定制改装行业的消费主力。

根据调研数据，用户对汽车定制改装的满意度较高，接近80%，并且有81.2%的复购率和84.3%推荐意愿。艾媒咨询分析师认为，虽然用户对定制汽车仅有过半的了解程度和定制意愿，但高产品满意度和高复购、推荐率将带来定制汽车的普及与推广。因此，用户自发推荐属性有利于汽车定制产业的进一步发展。

1.1.1.3 中国汽车改装市场现在的主要问题

❶ 地区间发展不均衡，专业化水平不高，低端零配件安全没保证。

国内的改装市场水平不均衡，且整体水平不够专业。华南地区因为背靠专业技能较高的中国香港和澳门地区，受其影响发展速度较快，其他城市和区域发展不平衡。由于国家对改装市场刚刚开发，因而改装的零配件暂时还没有国家相关部门的认证。很多非专业的俱乐部提供的改装服务难以保证安全。如果连安全都无法保证，很难说这个市场是一个成熟的、有巨大潜力的市场。但在改装高端市场，国外的顶级品牌已经进入中国汽车市场，德国奔驰的专业改装公司"劳伦士"和日本的"光岗"在国内开设了专卖店，并提供非常专业的服务，而且有不同程度的销售业绩。这说明在改装车高低端市场，还存在很大的差异。

❷ 汽车产业政策与相关的法律法规尚处于动态化调整、方向式规范或酝酿性完善的时期，有些新增领域甚至处于法规空白状态。

汽车行业的管理法规主要集中在汽车生产准入环节，而对于售后服务、服务贸易、汽车文化等新兴市场方面的法规缺乏系统性、针对性及前瞻性。对于汽车改装市场而言，唯一可以依据的法规就是《道路交通安全法》，但其中的有关规定并非完全针对目前市场意义上的汽车改装（精装），因为制定法律时的市场因素中还没有涉及个性改装的对象。换一种说法即是法规中的改装与市场意义上的改装并非一个概念。

❸ 国内改装市场还处于相对"混乱"的状态。

中国的汽车改装业还处于初级阶段，大多数改装店都是非专业的，没有正规汽车改装配件的进货渠道，没有过硬的专业改装技术。这些改装店大都以汽车修理、汽车装饰、汽车美容等附加经营项目出现，技术和服务质量可想而知，其所谓的专业技师也多是从南方城市请来的高级技工而已，汽车的安全性和售后维修，就更谈不上了。正规的改装店，依托的是改装品牌的背景，从国外请的专业改装技师，并有自己的国外进货渠道，能够依照消费者的不同需求，做出专业化的全方位改装。汽车改装的利润是非常高的，就拿斯巴鲁来说，原车的出厂价格大概40多万元，进了改装店，又花费40多万元进行改装。一般的改装也是动辄万元的，正规的改装店流水能高达百万元。中国汽车改装发展空间还是很大的，随着生活水平的提高，对汽车文化追求个性的人会不断增多，但前提是要正规化，规范化经营才是出路。

1.1.2　汽车改装国外现状及发展前景

汽车改装在国外一直很流行。现在，世界各大著名汽车厂商都有它们的专业改装厂和改装品牌，如专门为奔驰车用户进行改装的 AMG、BRABUS、CARLSSON 等，为宝马车用户进行改装的 ACSCHNITZER，为大众公司旗下的大众车和奥迪车用户进行改装的 ABT，为本田车用户进行改装的 HRC（本田赛车公司）、MUGEN（无限），为丰田配套的 TOM'S 和 TRD（丰田赛车运动发展部），为富士配套的 STI（富士世界技术部）和 TEIN，尼桑的 NISMO（尼桑汽车运动部）和三菱的专业改装公司 RALLIART（拉力艺）等。

个性化改装已形成了独特的汽车文化，汽车改装也形成了产业化，并成为汽车相关产业链中的一个重要组成部分。在发达国家，汽车改装的比例大概是

80%，也就是说 80% 的车都有过改装的记录。那么，这 80% 的车就产生了很大的产业链关系，使厂家在改装方面做更多的开发和投入，所以这是一个很大的市场。

国外的改装市场主要分为以下板块。

第一个是以德国为代表的改装，在改装性能方面与其汽车品牌文化有很大关系。在欧洲我们可以看到很多所谓的品牌改装，像奔驰、宝马、大众、奥迪都有自己的改装企业，为它品牌旗下的产品进行专业的改装。这类改装得到了社会的支持，比如技术方面的转移和设计知识产权的共享，甚至还包括很多产品开发上面的技术。所以，这类改装在欧洲比较盛行，因为这种改装延伸了原厂品牌文化的特色，是把原厂品牌的功能和文化进行了很好的延伸，这是以德国为代表的欧洲汽车改装（图 1-1-1）。

图 1-1-1　德国 ABT 改装品牌

第二个板块是以美国为代表的改装。美国的特色是很多车都是经过改装的定制车。这些车完全按照美国车主的想象、偏好、个人倾向，对汽车进行全方位的改装。有很多汽车制造车的成分，而不是改的概念。这类改装有一个独特的文化现象（图 1-1-2）。

图 1-1-2　美国 RBP 改装品牌

第三个板块是以日本为代表的改装,追求一种适用性和舒适性。日本许多改装,运用了很多先进的装备,所以说日本的改装,实际上相对技术层面来说是比较领先的(图1-1-3)。

图 1-1-3　日本 HKS 改装品牌

第四个板块是以新加坡为代表的改装。由于其汽车工业比较发达,所以综合性强,改装地方比较广,大多数汽车被改得比较华丽。

1.2　汽车改装法律法规

1.2.1　严格禁止

汽车的型号、发动机型号、车架号不能改,不能破坏车身结构;汽车改变颜色、更换发动机、车身或者车架的,必须交验汽车,更换发动机、车身或者车架的还要提交机动车安全技术检验合格证明;车贴面积不能超过车身总面积的30%,超过了就必须去相关部门报批(图1-2-1和图1-2-2)。

图 1-2-1　外观贴纸(合法)

图 1-2-2　外观贴纸

1.2.2 外观

❶ 可以对车身颜色、发动机、燃料种类、车架号码等进行改装，但有三种颜色属于特种车专用颜色，不能使用。红色为消防专用，黄色为工程抢险专用，上白下蓝为国家行政执法专用。而对车身、车架、发动机的变更，要在已经损坏无法修复或者存在质量问题的前提下才能够进行。申请变更时，须同时出具修理厂的证明及更换发动机、车身或者车架的来历凭证。

❷ 更换前保险杠属于改变汽车外形，经过审批后是可行的，但对升高底盘等提升汽车越野性能的改装是不允许的。年审中一旦发现违规改装，必须恢复原状（图1-2-3和图1-2-4）。

图 1-2-3　升高车辆底盘

图 1-2-4　原车车辆底盘高度

❸ 轮胎、进气系统、排气系统等改装是不允许的。根据公安部《机动车登记办法》有关规定，在用汽车轮胎规格、进气系统、排气系统都是国家不允许的变更项目。如在用汽车进行上述改装，可能会改变发动机功率，影响到行车安全，对进行非法改装的机动车所有人，将依法处以500～1000元的罚款，并责令其恢复原状（图1-2-5）。

图 1-2-5　加装机械增压

❹ 申请变更所需要提交的材料及手续：填写"机动车变更登记申请表"，然后提交"机动车所有人及驾驶人身份证明""机动车登记证书""机动车行

驶证"、申请办理变更登记机动车的标准照片。

1.2.3 内饰

（1）协调
饰品颜色必须和汽车的颜色相协调，不可盲目追求高品位、高价位，以免弄巧成拙。比如浅色车的内部配以深色的座套及红色的地毯等。

（2）实用
根据车内空间大小，尽可能选用一些能充分体现车主个性的小巧、美观、实用的饰物，如茶杯架、香水瓶、储物盒等。

（3）整洁
车内饰品应做到干净、卫生、摆放有序，给人一种轻松、舒适的感觉。

（4）安全
车内饰品绝不能有碍驾驶员的安全行车或乘员的安全，如车内顶部吊物不宜过长、过大、过重；后挡风玻璃上的饰物不要影响倒车视线等。

（5）舒适
车内饰品的色彩和质感要符合车主的审美观，香水要清新，不宜太浓等。

1.2.4 《机动车登记规定》有关情形

第十条　已注册登记的机动车有下列情形之一的，机动车所有人应当向登记地车辆管理所申请变更登记：

（一）改变车身颜色的；

（二）更换发动机的；

（三）更换车身或者车架的。

第十五条　有下列情形之一的，不予办理变更登记：

（一）改变机动车的品牌、型号和发动机型号的，但经国务院机动车产品主管部门许可选装的发动机除外；

（二）改变已登记的机动车外形和有关技术数据的，但法律、法规和国家强制性标准另有规定的除外；

（三）有本规定第九条第（一）项、第（七）项、第（八）项、第（九）项规定情形的。

第十六条　有下列情形之一的，在不影响安全和识别号牌的情况下，机动车所有人不需要办理变更登记：

（一）小型、微型载客汽车加装前后防撞装置；

（二）货运机动车加装防风罩、水箱、工具箱、备胎架等；

（三）增加机动车车内装饰。

第四十七条 有下列情形之一的，由公安机关交通管理部门处警告或者二百元以下罚款：

（一）重型、中型载货汽车及其挂车的车身或者车厢后部未按照规定喷涂放大的牌号或者放大的牌号不清晰的；

（二）机动车喷涂、粘贴标识或者车身广告，影响安全驾驶的；

（三）载货汽车、挂车未按照规定安装侧面及后下部防护装置、粘贴车身反光标识的；

（四）机动车未按照规定期限进行安全技术检验的；

（五）改变车身颜色、更换发动机、车身或者车架，未按照本规定第十条规定的时限办理变更登记的。

1.3 汽车改装的定义和分类

（1）汽车改装的定义

汽车改装是指以汽车品牌文化为特征，以特性偏好为取向，在量产车型的基础上，结合造型设计理念，运用先进的工艺和成熟的配件与技术，对汽车的实用性、功能性、欣赏性进行改进、提升与美化，并使之符合汽车全面技术标准，最终满足人们对汽车这种特殊商品的多元化、多用途、多角度需求的一种市场形态。因为不同车辆之间存在性能方面的差异，车主对汽车改装的理解和目标不一样，因此汽车改装的内容和方法也是不同的，项目可简可繁，花费可多可少，每个人都能根据车辆的具体情况和个人经济实力、兴趣爱好等制定适合自己的改装方案。

（2）汽车改装的分类

汽车改装，大体可以分为以下几类：汽车外观改装、动力系统改装、底盘系统改装、越野车改装、汽车内饰改装、汽车音响改装。

外观改装主要就是体现车主的个性。常见的有贴改色膜（图1-3-1）、改装前后杠、尾翼、两裙边、开孔发动机盖、贴纸、HID氙气大灯等。

动力系统改装主要是为了提升动力，动力系统改装也是汽车改装的重中之重。常见的有改装进气、增加涡轮增压、改装机械增压、更换点火线圈（图1-3-2）、功率提升器、加装外挂ECU等。

图 1-3-1　改色膜

图 1-3-2　改装高性能点火线圈

底盘改装主要是为了舒适性和安全性。基本上只要改装了动力，底盘是必然需要改装的，否则原本的底盘是无法承受更高动力的。常见的改装包括轮胎、轮毂、减振、弹簧、前顶吧、后顶吧、前底架、后底架等（图 1-3-3）。

图 1-3-3　加装底盘加强件

越野车改装，当然是为了越野，侧重点在于提高通过性，尽可能提高越野车对各种路况的适应与通过能力（图 1-3-4）。

图 1-3-4　越野车改装

汽车内饰改装主要是改装赛车座椅、客车换挡杆头以及各式各样的仪表等（图 1-3-5）。

图 1-3-5　内饰改装

汽车音响改装无非是改装主机、功放和喇叭等（图 1-3-6）。

图 1-3-6　音响改装

第 2 章 汽车车身改装

2.1 加装汽车车身包围

2.1.1 汽车车身包围及安装车身包围的优缺点

视频精讲

2.1.1.1 汽车车身包围

汽车车身大包围是指车身下部宽大的裙边装饰，一般由前包围、侧包围和后包围组成，在一些车型上还包括轮眉、挡泥板和门饰板等。加装大包围后，汽车变得更加美观，给人以雍容气派之感，车身富于动感。

汽车车身包围改装源自汽车运动，早期的汽车改装只针对提高赛车的性能，主要用于改善车身周围的气流对运动中车身稳定性的影响，以便赛车在比赛中取得好成绩。随着汽车工业的发展以及赛车运动的深入人心，汽车改装已揭开它的神秘面纱，成为普通"车迷"生活中的一部分，并渐渐成为一种时尚。而在我们目前民用改装车上，多为体现车主的个性思想，但也同样起到了降低风阻、提高行车安全系数的作用。

大包围装饰的学名是车身空气扰流组件，一般来说，汽车大包围由前包围、后包围和侧包围组成。前后包围有全包围式和半包围式两种形式：全包围式是将原有保险杠拆除，然后装上大包围，或将大包围套在原保险杠表面；半包围式是在原保险杠的下部附加一个装饰件，这样可以不拆除保险杠。侧包围又称侧杠包围或侧杠裙边。由于汽车在发生撞击时，保险杠可以起到缓冲和吸震的作用，而且它是在汽车设计时经过精密计算得出的结果，可以最大限度地保护乘员，所以出于安全考虑，与全包围式相比半包围式更具有优势，但美中不足的是半包围式达不到全包围式的那种整体美感。

2.1.1.2 优点

❶ 一般车身大包围包括前保险杠和后保险杠的扰流气坝，还有车身两侧的导流裙脚，以及后备厢上方的尾翼几个部分。而前保险杠下方的导流坝主要是让气流从车身正面下方的底盘快速通过，让车身下方形成一个接近真空的地带，使车身可以牢固地被吸附在路面上，而经过发动机盖上方的气流经过后备厢的扰流尾翼后，会因速度的不同造成不同数值的下压力，这样自然就会让轮胎对地面之间的附着力更大；而左右两侧的扰流裙脚主要让车身下方两侧的乱流尽快地清除，或者将气流引到后轮的刹车系统以达到降温的目的。可见加装大包围后能利用空气动力学原理增加其效率，而且还能增加安全性。

❷ 在车身投影面积相同的情况下，车身外形不同或车身表面处理不同造成空气动压值有差别，其空气阻力系数也完全不同，由于空气阻力与空气阻力系数成正比关系，现代汽车为减少空气阻力，必须考虑降低空气阻力系数，目前，轿车空气阻力系数一般为 0.28～0.4。有关试验表明，空气阻力系数每降低 10%，燃油可节省 7% 左右，曾有人对两种同质量，同尺寸，相同发动机，其他部件也基本相同，但具有不同的空气阻力系数（分别为 0.44 和 0.25）的轿车进行比较，以 88km/h 的速度行驶了 100km，燃油消耗后者比前者节约了 1.7 升。

❸ 大包围可使车身加长，重心降低，给人以安全、稳健、踏实、庄重的感觉。

❹ 安装大包围后，可以使车身的曲线更柔顺，棱角更分明，车型线条更顺畅，造型更优美，给人以整体和谐的愉悦感受，外形大变，极显个性。

2.1.1.3 缺点

❶ 目前市场上大包围大多为美观而设计，如果大包围的设计不良反而会造成车身有更大乱流的产生，使车速降低并且增加油耗。

❷ 安装大包围后汽车只能在平坦、良好的道路上行驶，否则影响其通过性。

2.1.2 如何合理选择汽车车身包围

(1) 可根据产品的材料、性能、价格来选择

国内主要流行的汽车身包围材质主要有玻璃纤维、ABS 塑料、合成树脂、聚酯塑料、合成橡胶等，下面就各种材料的性能进行分析。

❶ 玻璃纤维。此类产品价格较便宜，但韧性极差。成件安装、打孔麻烦，它的耐腐蚀性能好，对大气、水和一般浓度的酸、碱、盐及多种油类和溶剂都有较好的抵抗能力，热性能良好，热导率低，室温下为 1.25～1.67kJ/(m·h·K)，只有金属的 1/100～1/1000，是优良的绝热材料。在瞬时超高温时，是理想的热防护和耐烧蚀材料，由于这种材料制作的时候收缩性较大，所以制造出的包围表面很容易会起波浪，经过一段时间的日晒后甚至可能出现裂缝。

❷ ABS 塑料。此类产品因为是以真空吸塑成型，厚度较薄，所以不能制作保险杠款的包围，只能制作唇款的大包围。

❸ 合成树脂。此类材料收缩性较小，韧性较好，耐热不变形，所以制作出的产品表面光滑，同时抗扭力较强，密合度较高，但价格相对也较高。

❹ 聚酯塑料。此类产品是高压注射成型，有很高的柔韧性与强度。因为大多数汽车的原装保险杠也采用聚酯塑料制造，是相同的材料，所以与车身的密合度也是最佳的，寿命较长。但此类产品造价极高，一般消费者难以承受。

❺ 合成橡胶。它是目前高档汽车所采用的汽车外饰材料，由于它具有抗冲击、不易变形、不易断裂、耐候性好（-40～80℃）且环保、无公害等诸多优点，已经成为国际汽车装饰业界公认最适合做汽车装饰板的材料，合成橡胶大包围采用液体原料灌注而成，外形平整，光滑，表面喷涂亮漆后，外观效果非常好。

图 2-1-1 所示产品采用树脂材料，其收缩性小，韧性好，表面经过处理，光滑，且其制作和安装技术也较好，整体看来和汽车的吻合度高，像是原车件，但价格较高。

图 2-1-1　车辆大包围

如图 2-1-2 所示，此欧蓝德大包围后杠采用进口原材料树脂生产，具有耐老化、抗冲击力强、吻合度高、安装容易等特点，为该车系的专用包围配件（图 2-1-2）。

图 2-1-2　欧蓝德大包围后杠

（2）根据大包围的设计原则选择

❶ 整体性原则。要将车前后左右各包围件当作一个整体来设计，将半包围和全包围进行比较，进行全包围可能会去除原有保险杠，但其设计时可以把大包围按照一个整体进行设计并安装；半包围虽然安全上照顾到了，但它可能更多的是使装饰件更好地配合原车的轮廓，因而整体性可能略差。

❷ 协调性原则。各包围件的造型与颜色要与车身相协调，车身包围件应该与车身紧密配合并且颜色尽量与车体颜色不要有太大色差，可以根据色彩的几个决定性因素进行搭配。

a. 色彩的进退性。根据人们视觉距离的不同可分为前进色和后退色，例如红色和黄色近距离看效果好些，而蓝色和绿色远距离看会好些。

b. 色彩的胀缩性。根据人们视觉体积的不同色彩可以分为收缩色和膨胀色，例如蓝色和深绿色看起来要比实际的小，而黄色和白色则相反。

c. 色彩的明暗性。根据人们视觉亮度的不同色彩可以分为明色和暗色，例如红色和黄色为明色，这类物体看起来觉得大一些，近一些，而蓝色和绿色则为暗色，效果相反。

d. 色彩的反差性。不同的颜色进行合理搭配，形成色差，其视认性和注目性将大大改善，一般情况下，前进色应该与后退色搭配，膨胀色应该与收缩色搭配，明色应该与暗色搭配。

试验研究结果表明，在天气晴好的条件下，浅色系的汽车安全性能高于深色系的汽车，黑色汽车的事故率是白色汽车的 3 倍。通常情况下，比较容易被眼睛所辨别的颜色更能引起道路上驾驶者以及行人的注意，不易发生碰撞以及追尾等事故，交管部门的事故专家也很认同这样的试验结果。在新型试验中，工作人员选取绿、黑、蓝、银灰、白 5 种颜色的车进行试验。

对比试验结果发现，黑色车辆在清晨及傍晚时段光线不好的情况下，最难被人眼识别，而绿色及蓝色车辆的颜色安全性居中，所以在进行车辆装饰的时候，要注意进行合理搭配，夏天最好采用冷色，冬天最好采用暖色。利用色彩的特性进行合理的搭配可以使你的爱车漂亮的同时还能增加行驶时的安全性。

❸ 安全性原则。汽车安装包围后绝不能影响整车的性能和行车安全，设计要考虑路面状况，所有饰件离地都应保持一定距离。例如加装大包围不当，虽然达到了美观的目的，但不符合空气动力学原理，不仅可能使原车的动力性能下降，增加油耗，还可能降低行车稳定性，造成不应有的事故。另外离地一定距离可以使汽车更好地驶过不平的路面。

❹ 标准性原则。大包围组件要符合国家有关规定，我国法律虽然没有对汽车的相关改装做详细规定，只是规定不得私自改装车辆，但肆意地按照自己意愿安装汽车大包围改变了车辆登记时的原貌是不符合国家规定的，所以车主在加装大包围前还是应该先咨询相关事项，以免带来不必要的损失。

综合上面诸多因素，相信你可以为你的爱车选择一套合适的"外衣"。

2.1.3 施工与质检

2.1.3.1 施工前准备及所需工具

准备好安装所需的工具和材料。一般常用的工具有手电钻、螺丝刀、锤子、活动扳手、钳子等，准备好大包围及其附属零件并按照说明做好各种处理工作。

2.1.3.2 施工过程及安装工艺

大包围的常见安装工艺及典型安装工艺如下。

（1）常见安装工艺

❶ 将大包围的安装部位进行擦拭和清洗，去除油污和污垢，使表面清洁、干燥（图 2-1-3）。

图 2-1-3　清洁

❷ 在车身上安装大包围的相应部位贴上保护用的皱纹纸（图 2-1-4），防止在安装过程中碰坏车身油漆。

图 2-1-4　贴上保护用的皱纹纸

❸ 将大包围在车身上相应位置试放一下，观察两者的贴合程度，注意安装侧包围时应该把车门打开，安装后包围时注意排气管。

❹ 取下大包围，按照试放的效果对其进行修整，将大包围修边角和去毛刺，按照安装要求在车身下端钻好安装孔，并去掉孔边周围的毛刺（图 2-1-5）。在原装车的螺栓孔上安装并固定螺栓（图 2-1-6）。

图 2-1-5　去掉孔边周围的毛刺

图 2-1-6　安装并固定螺栓

❺ 安装大包围，施力时应该注意技巧，要使车身与大包围紧密地贴合，避免用力过猛而造成它们的损伤，必要时可以在它的内侧与车身贴合的位置涂上专用的胶水。拧上固定螺栓，最好在螺母上涂上油漆，使之与车身颜色协调（图 2-1-7）。

视频精讲

图 2-1-7　安装完成

（2）典型安装工艺

❶ 测试前后唇强度：由两人各持一端向相反方向用力使其产生形变，然后松开看其是否能恢复原来状态，如此时前后唇发生了明显变形，则说明其强度不够。

❷ 安装灯眉：把灯眉粘贴在前大灯的上部。为保持原车漆面，在原车前后保险杠边缘粘贴皱纹纸，将后唇放到车上对位。

❸ 用角向磨光机和砂纸反复打磨修整后唇，使其与原车后保险杠紧密配合。

❹ 在后唇内部涂抹胶水，把后唇粘在后保险杠外面，并用皱纹纸粘贴固定。

❺ 在后唇内侧钻孔并用螺栓固定，在螺母上涂调好的同颜色涂料。

按相同方法安装前唇并安装裙边（粘接）。

对比分析及小结：常见的安装方法可以说与典型的安装大包围步骤大同小异，所不同的是一般常见安装方法把大包围按照整体性的原则一次性将饰件安装在车身之上，而后者是将大包围分装在车上并逐一固定，相比之下，常见的安装方法在美观的角度上应该强于后者，但由于是整体安装，它的牢固程度可能不如后者，将整件拆装按照小部件安装可以使饰件更牢固地装在车身上，以防车辆在行进中发生整体脱落，所以出于安全考虑后者更加实用。另外车主应该注意：按照正规的安装方法大都是用螺钉固定在车身上的，但某些小的修理厂为安装方便对某些部件采用粘贴方法，所以加装时应该注意，以防汽车在高速行驶时发生部件脱落事件，造成事故。

2.1.3.3　安装质检

安装完成后，需要检查各个部件是否安装到位，螺栓是否锁紧，粘胶是否牢靠。

2.2 改装汽车车身颜色

2.2.1 包膜

（1）包膜的定义

包膜就是通过高分子聚合材料贴附于物品表面，达到保护原有涂层、装饰物品的目的，并可随时轻易揭除，与传统的封釉、镀膜、喷漆等漆面化学改变形成鲜明对比。这种类型的贴膜有低黏度、高性能等特点，可以充分贴合物品表面，具备便于施工、柔韧性、耐久性、抗化学腐蚀性、不透光性更强等诸多优点。可有效保证施工过程中对有弧度的物品表面进行准确、无缝隙、无气泡贴覆，不会对物品的原漆或涂层造成损害；相反，会起到很好的保护作用。

（2）包膜的优点

包膜在日常生活中可广泛应用于手机（图2-2-1）、IPAD、IPOD、笔记本电脑、自行车、摩托车、小轿车、大货车等，因其个性化的特点还可应用于KTV包厢的室内装饰等。就如同在学校上学时，每当新书发下来，同学们都会给新书包上书皮，使书的原封面在使用过程中保持整洁和不被磨损，其实书皮就是包膜的一种，随着时间的推移和技术的不断发展，包膜也得以更好的改进和应用。

在追求时尚、崇尚自由的今天，包膜被广泛应用的另外一个原因是它有多种颜色可以选择，可以随意选择喜欢的颜色贴覆在自己的物品表面，彰显自己的个性，表达自己的喜好，不喜欢了又可以随时撕掉更换，操作非常简单方便。包膜在车辆上的应用如图2-2-2所示。

图2-2-1 手机包膜

图2-2-2 包膜在车辆上的应用

2.2.2 工具的使用

(1) 美工刀

❶ 如何让美工刀无法伤及车漆？

尖端处避免顶到车体表面，加工过程中尽量使刀侧平行于车体。

❷ 如何使用美工刀移除多余直线材料？

将美工刀依靠在车体边缘顺着凹处做惯性切割，依照包边需要至少留5mm膜料。

❸ 如何确认何种时机使用何种美工刀？

美工刀可分为45°及30°两种类型。30°的美工刀由于较尖，便于弯曲处加工，加工过程中需时常确认刀片是否锋利，如果发现钝、裂、缺口，则需立即更新（图2-2-3）。

图 2-2-3　美工刀的使用

❹ 开膜料时如何正确用美工刀以减少材料损耗？

确认包膜处的加工面积，再加工所需的预留边，依此面积开料。开料边缘须呈平滑线条，避免加工过程中拉撑过大，否则膜料会从缺口处破裂，破坏膜料完整度，导致重新开料。

(2) 软/硬刮板

❶ 长柄刮及5吋方刮：是要用喷壶喷水的膜料，多用于玻璃材质贴膜，及卡典西德的广告材料、无导气槽的喷绘膜等（图2-2-4）。

图 2-2-4　刮刀的使用

视频精讲

❷ 改色膜双面刮：贴膜时广泛使用，基本上在做各式贴膜施工时都会用到双面刮。

❸ 小铲刀：用于细缝凹槽部位。

❹ 加长贴纸刮：可用于汽车玻璃、门窗玻璃、广告灯箱等。

❺ 其余刮刀可以自行方便使用。

硬质刮板可用于简易平面刮整及边角藏料收边。

软质刮板利用刮刀的软质特性，可作手势凹曲以符合加工面造型。

特殊造型平面可使用相对应的特殊刮板。

刮板刮水时，均匀施力，由面中间往外、由上往下拨刮，将水刮净，如图2-2-5所示。

以刮板做均匀施压刮挤，并以定温烤枪做均匀加热固定，可避免水流回流造成水泡。

(3) 烤枪

如图2-2-6所示，烤枪用于对车膜进行加热，一边加热一边用塑料刮刀挤压物体上的气泡和水，使车膜变形，直至与物体的曲面完全吻合。需要特别留意的是，加热要均匀，不要过分集中，否则温度太高有可能造成车膜破损。

图2-2-5 刮板刮水的使用

图2-2-6 烤枪的使用

为何选用定温烤枪而不用吹风机？主要是因为吹风机风力过大，并且无法进行温度设定，专业度不够。

❶ 在平面使用定温烤枪：避免太过靠近面料，保持一定距离及加温时间，将面料烤至一定柔软度。

❷ 在曲面使用定温烤枪：将面料拉整以符合曲面形状为宜，并保持一定距离及加温时间，将皱褶处吹平，以方便刮板刮平。

❸ 大幅度曲面使用定温烤枪：做大面积吹烤，使整块面料均匀受热，便于拉撑施工。

❹ 使用定温烤枪熔边以防翘边：最后加工时，将定温烤枪调至300℃挡，将膜料表面加温至130℃，加温时间2～3s，并以手指固定加压，同动作可重复两次，并检查翘曲的情况，直到加热时不会翘边即可。

（4）定位胶带和磁铁

定位胶带是以美纹纸和压敏胶水为主要原料，在美纹纸上涂覆压敏胶黏剂，另一面涂以防粘材料而制成的卷状胶黏带。具有耐高温、抗化学溶剂性佳、高黏着力、柔软服帖和再撕不留残胶等特性。行业通称美纹纸压敏胶黏带（图2-2-7）。

图2-2-7 定位胶带的使用

定位胶带的优点：

❶ 协助贴膜技师包工，减少贴膜施工人员的辅助（图2-2-8）；

图2-2-8 磁铁的使用

❷ 改色膜、透明膜、玻璃膜、建筑施工膜等贴膜定位，彩绘及拉花膜等定位；

❸ 可放开双手的同时贴膜施工，有助于提高工作效率。

摆置好面料与包膜处后，即可利用定位胶带或磁铁做固定，如图 2-2-8 所示。

如何于不同材料交汇处使用定位胶带？多种材料接合时，可定位胶带施工，定位与拉形切割。

如何使用定位胶带减少介刀伤及漆面？可将定位胶带粘贴于包膜的边缘切割处铺底，避免于包边收尾时由于刀尖加工造成的车体刮伤（图 2-2-9）。

图 2-2-9 减少介刀伤及漆面

2.2.3 如何选择贴膜材料

如图 2-2-10 所示，具体方法如下。

（1）选择高分子PVC（聚氯乙烯）

❶ 延伸性高。

❷ 耐候性佳。

❸ 加工性优。

❹ 吸墨性好。

使用的单分子 PET 材料（聚对苯二甲酸乙二醇酯），其稳定性为 3～5 个月，而高分子 PVC 材料可达 3～5 年；且 PET 无延展性。

（2）选择油性压敏胶

❶ 初黏力低，移动性佳。

❷ 保持力好，可应用范围广。

❸ 黏着力高，不会翘边。

❹ 可移除性好（残胶可简易清除）。加工过程方便移动，高黏着，完工后保固都能完全兼顾。

（3）选择导气槽底纸

❶ 适合干贴。

❷ 易排气。
❸ 加工简便。

图 2-2-10　贴膜材料选择

2.2.4　施工作业

（1）施工前准备

❶ 检查车身有无缺陷（图 2-2-11）：以人工方式做表面检查，看是否有落漆、凹陷、污渍、凸起物等。

❷ 确认车身缺陷是否会影响包膜：贴膜表面需保持干净清洁、无灰尘，落漆、凹陷、污渍、凸起物等都会影响。

❸ 若会影响如何补救：基本清洁无法处理，需明确告诉车主包膜后的结果，并询问车主是否介意，如介意仍需建议车主先进行车体表面清洁、漆面补平后再行包膜。

图 2-2-11　检查车身

❹ 清洁包膜部位：在包膜处的车体表面，通过专业清洁设备及洗车设备做

完整清洁，包边处及其内侧需做完整清洁，不能残留污渍及灰尘，可通过去渍油或除胶剂做彻底清洁（图 2-2-12）。

❺ 彻底清洁全车：通过专业清洁设备及洗车设备做完整清洁。

❻ 正确通过水蜡来避免胶水残留：通过完整清洁后，将表面均匀打蜡两次以上，让车体表面附上一层薄薄的蜡材。

视频精讲

图 2-2-12 清洁包膜部位

（2）汽车大灯包膜施工作业

❶ 彻底清洁车辆大灯（图 2-2-13）。

❷ 裁剪大灯膜（图 2-2-14），注意四边需留 5cm，方便最后的修边。

图 2-2-13 彻底清洁车辆大灯

图 2-2-14 裁剪大灯膜

❸ 分离底纸（图 2-2-15），为总面积的 1/3 即可，然后把底纸去掉。

❹ 固定膜后，保持膜面平整，从旁边向外刮。遇气泡时，使用刮板用力向两旁刮出即可（图 2-2-16）。

图 2-2-15　分离底纸

图 2-2-16　刮膜

❺ 贴到曲线部分较大的地方，用低温烤枪均匀烤软大灯膜（图 2-2-17）。
❻ 把底纸全部撕掉（图 2-2-18），开始贴另一边，重复流程第 ❸ 步。

图 2-2-17　烤软大灯膜

图 2-2-18　底纸全部撕掉

❼ 最后用低温烤枪烤一下边缘部分（图 2-2-19），同时用刮板刮至与大灯边缘纹路一致。
❽ 进行裁剪作业（图 2-2-20），需要小心操作，裁剪时速度要快和准。裁边后用低温枪再进行一次加固，最后撕开保护膜。

（3）汽车后视镜包膜施工作业
❶ 首先彻底清洁后视镜（图 2-2-21）。
❷ 裁剪比后视镜长宽各多 10cm 面积的面料（图 2-2-22），分离底纸至总面积的 1/3，然后底纸对折贴在后视镜上。

视频精讲

图 2-2-19　用低温烤枪烤一下边缘部分

图 2-2-20　进行裁剪作业

图 2-2-21　清洁后视镜

图 2-2-22　裁剪面料

❸ 边附边用刮板刮平，然后用刮板刮平车膜（图 2-2-23）。

❹ 拼接时尽量以车体凹褶处及零件接合处为拼贴处（图 2-2-24）。

图 2-2-23　刮平车膜

图 2-2-24　拼接连接处

❺ 用手指加压固定，角度较大的位置用烤枪烤软车膜再拉直车膜贴上去（图2-2-25）。

❻ 遇到凹凸的位置，用刮板刮出空气即可。

❼ 最后用美工刀把多余的面料裁掉（图2-2-26）。

图2-2-25 加压固定面料

图2-2-26 把多余的面料裁掉

❽ 施工完成（图2-2-27）。

图2-2-27 汽车后视镜包膜施工完成

视频精讲

（4）汽车发动机舱盖包膜施工作业

❶ 首先清洁发动机舱盖。

❷ 然后确认无污渍、灰尘等异物。

❸ 裁剪比发动机舱盖长宽各多20cm面积的面料。

❹ 固定后，保持膜面平整，从旁边向外刮，遇上气泡时，使用刮板用力向两旁刮出即可。

❺ 修边的时候，先用刮板刮一下不平整的地方，再用手指沿着弧度压一下，最后用美工刀裁掉多余的面料。

（5）汽车后备厢盖包膜施工作业

❶ 彻底清洁后备厢表面的杂物。

❷ 裁切各留出 20cm 的车膜，用刮板从中间凸出来的位置开始刮。

❸ 刮平中间部分后，用美工刀从凸出来的边缘割掉，以便更好地拉伸车膜。

❹ 贴到曲线部分较大的地方，用低温烤枪均匀烤软车膜。

❺ 进行修边裁切作业，注意谨慎操作，裁边时速度要快和准。裁边后用低温烤枪再进行一次加固。

❻ 施工完成（图 2-2-28）。

（6）汽车车门包膜施工作业

❶ 首先把门把手拆出来，然后彻底清洁车门。

❷ 裁剪比车门长宽各多 20cm 面积的面料。

❸ 分离底纸至总面积的 1/3，然后底纸对折贴在车门上，边附边用刮板刮平，再用刮板刮平面料。

❹ 拼接时尽量以车体凹褶处及零件接合处为拼贴处。用手指加压固定，遇到凹凸的位置，用刮板刮出空气即可。

❺ 用美工刀把多余的面料裁掉（图 2-2-29 和图 2-2-30）。

图 2-2-28　汽车后备厢盖包膜施工完成

图 2-2-29　汽车车门包膜施工完成

图 2-2-30　门把手包膜

（7）汽车前两侧翼子板包膜施工作业

❶ 彻底清洁前两侧翼子板（图 2-2-31）。

❷ 清洁结束后开始裁切车膜（图 2-2-32），注意需要四边各留出 20cm 左右方便最后修边。

视频精讲

图 2-2-31　清洁前两侧翼子板

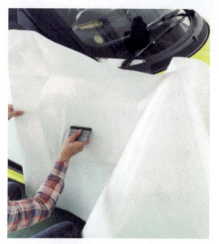

图 2-2-32　裁切车膜

❸ 然后分离底纸（图 2-2-33），为总面积的 1/3 即可，然后把底纸对折，贴下去用刮板刮。

❹ 刮至角度较大的位置时，用烤枪烤软车膜（图 2-2-34），然后拉直车膜贴下去。

图 2-2-33　分离底纸

图 2-2-34　用烤枪烤软车膜

❺ 继续用刮板刮出前翼子板的纹路（图 2-2-35）。

❻ 角度大的地方同样用烤枪吹软车膜，拉直车膜再用刮板刮平（图 2-2-36）。

图 2-2-35 继续用刮板刮出前翼子板的纹路

图 2-2-36 用烤枪吹软并拉直车膜再用刮板刮平

❼ 最后用刮板压一下边缘（图 2-2-37）。
❽ 用美工刀裁边。
❾ 施工完成（图 2-2-38）。

图 2-2-37 用刮板压一下边缘

图 2-2-38 汽车前两侧翼子板包膜施工完成

（8）汽车后两侧翼子板包膜施工作业

❶ 清洁两侧翼子板（图 2-2-39）。
❷ 裁切车膜。四边各留出 20cm 左右，以方便最后修边，然后用刮板开始刮（图 2-2-40）。
❸ 刮至角度较大的位置时，用烤枪烤软车膜（图 2-2-41）。
❹ 然后拉直车膜贴下去。
❺ 继续用刮板刮出后翼子板的纹路（图 2-2-42）。
❻ 角度大的地方同样用烤枪吹软车膜，拉直车膜再用刮板刮平（图 2-2-43）。

图 2-2-39　清洁两侧翼子板

图 2-2-40　裁切车膜

图 2-2-41　用烤枪烤软车膜

图 2-2-42　用刮板刮出后翼子板的纹路

❼ 用美工刀割出尾灯造型（图 2-2-44）。

图 2-2-43　用烤枪吹软并拉直车膜再用刮板刮平

图 2-2-44　用美工刀割出尾灯造型

❽ 用刮板压一下边缘，最后用美工刀裁边（图2-2-45）。

图 2-2-45　用美工刀裁边

❾ 施工完成（图2-2-46）。

视频精讲

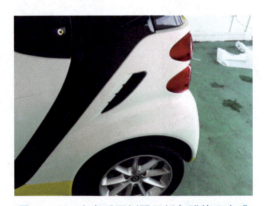

图 2-2-46　汽车后两侧翼子板包膜施工完成

（9）汽车侧裙下护板包膜施工作业

❶ 清洁侧裙下护板（图2-2-47）。

图 2-2-47　清洁侧裙下护板

❷ 裁剪比车门长宽各多 20cm 面积的面料（图 2-2-48）。

图 2-2-48　裁剪面料

❸ 分离底纸至总面积的 1/3，然后底纸对折贴在车门上，边附边用刮板刮平，然后用刮板刮平面料。

❹ 拼接时尽量以车体凹褶处及零件接合处为拼贴处（图 2-2-49）。

图 2-2-49　接合拼贴

❺ 用手指加压固定，遇到凹凸的位置，用刮板刮出空气即可（图 2-2-50）。

图 2-2-50　用手指加压固定

视频精讲

❻ 用美工刀把多余的面料裁掉（图 2-2-51）。

图 2-2-51　汽车侧裙下护板包膜施工完成

（10）汽车前保险杠包膜施工作业

❶ 清洁前保险杠。

❷ 确认无污渍、灰尘等异物。

❸ 裁剪比发动机舱盖长宽各多 20cm 面积的面料（图 2-2-52）。

视频精讲　　　　图 2-2-52　裁剪面料

❹ 固定后，保持膜面平整，从旁边向外刮，遇气泡时，使用刮板用力向两旁刮出即可（图 2-2-53）。

视频精讲

图 2-2-53　使用刮板用力向两旁刮出

❺ 修边的时候，先用刮板刮一下不平整的地方，再用手指沿着弧度压一下，最后用美工刀裁掉多余的面料（图 2-2-54 和图 2-2-55）。

图 2-2-54　用美工刀裁掉多余的面料

图 2-2-55　汽车前保险杠包膜施工完成

（11）汽车后保险杠包膜施工作业

❶ 彻底清洁后保险杠，一般车型要分两个部分来贴（图2-2-56）。

图 2-2-56　清洁后保险杠

❷ 清洁结束后开始裁切车膜，注意需要四边各留出20cm左右方便最后修边（图2-2-57）。

视频精讲

图 2-2-57　裁切车膜

❸ 将分离底纸贴下去，然后用刮板刮平，接着用美工刀割出边缘（图2-2-58）。

图 2-2-58　用美工刀割出边缘

❹ 刮至角度较大的位置时，用烤枪烤软车膜，然后拉直车膜贴下去（图 2-2-59）。割出几个孔后再用刮板刮出其结构。

图 2-2-59　拉直车膜贴下去

❺ 下面部分用刮板刮平（图 2-2-60）。

图 2-2-60　用刮板刮平

❻ 角度大的地方同样用烤枪吹软车膜（图 2-2-61），拉直车膜再用刮板刮平。

❼ 用美工刀裁切。

❽ 施工完成（图 2-2-62）。

图 2-2-61　烤枪吹软车膜

图 2-2-62　汽车后保险杠包膜施工完成

2.3　汽车车门改装剪刀门

（1）如何选择合适的剪刀门

剪刀门属于车门结构的升级改装，对日常用车几乎不影响，但是在开关车门瞬间可尽显个性与风采。

剪刀门主要升级结构是升级支撑车门举升器，几乎支持所有民用车型改装，价格不高，容易被接受；改装剪刀门后，除了可以提升车辆气质和格调外，车门开关位置更大，人员进出车辆会比原来更加从容。

改装剪刀门最重要的是支撑杆举升装置，在选择剪刀门改装产品时一定要选择可靠的品牌进行改装，剪刀门改装包含很多细节工序，稳定的硬件和施工质量决定了日后使用的便捷性（图 2-3-1）。

视频精讲　　　　　图 2-3-1　剪刀门改装套件

（2）施工前准备

❶ 拆除车辆左右两侧翼子板、车门内饰板和相关电子部件。

❷ 找到确定可以安装支撑套件（图 2-3-2）的位置。

（3）所需工具

❶ 拆卸门板结构的工具套装。

❷ 支撑杆举升器。

❸ 打磨工具（调整车门和翼子板的剐刮位置）。

图 2-3-2　支撑套件

（4）施工过程

❶ 拆卸车门和翼子板（图 2-3-3）。

图 2-3-3　拆卸车门和翼子板

❷ 把剪刀门铰链底座固定在车身大梁上，连接臂的另一端连接到车门内侧（图 2-3-4）。

❸ 拆除原车下铰链，之后把车门向外打开，找到最佳开启角度并调整限位螺杆，同时固定内外限位销，让车门必须往外开到一定角度时才能向上开

启（图 2-3-5）。

❹ 以最佳开度向上提起车门，根据不同车型调整与其外形比例协调的上下开启角度，再通过限位螺杆进行固定，以营造完美的视觉效果（向上开门出现错位时需要对翼子板的角度进行打磨调整）。

图 2-3-4　铰链底座固定在车身大梁　　　　图 2-3-5　调整限位螺杆

❺ 确认车门关闭无问题后，可以安装液压撑杆，把底座焊接到大梁上，之后打眼攻螺纹，把撑杆一端固定在底座上，一端连接到摇臂上，其撑杆位置必须是开关车门时不与任何部位剐刮。

❻ 装回翼子板及车门内饰板附件等。

（5）质检

❶ 检查车门向上开启角度和开启中内饰门板是否剐蹭 A 柱（图 2-3-6 和图 2-3-7）。

图 2-3-6　安全检查（一）

第 2 章 汽车车身改装

图 2-3-7 安全检查（二）

视频精讲

❷ 车门开启中是否对翼子板造成剐蹭。
❸ 检查行驶中车辆是否存在异响或零部件松脱。

2.4 加装汽车尾翼

　　根据"Car2100"权威定义，汽车尾翼的专业名称为"汽车扰流器"，专业的叫法为扰流板，属于汽车空气动力套件中的一部分。尾翼的主要作用是为了减小车辆尾部的升力，如果车尾的升力比车头的升力大，就容易导致车辆过度转向、后轮抓地力减小以及高速稳定性变差。

　　目前安装尾翼已经成为年轻车主彰显时尚与个性的一种方式，安装大气美观的尾翼可以提高车辆的行驶稳定性，然而貌似简单的尾翼安装也有一定的学问。

　　在我国的一些地方常常将"汽车尾翼"称为"汽车导流板"，其实这种叫法是错误的。"汽车导流板"在轿车上确有其物，只不过是指轿车前部保险杠下方的抛物形风罩，而"汽车尾翼"则是安装在轿车后备厢盖上的。国外一些人根据它的形状形象地称它为"雪橇板"，国内也有人称它为"鸭尾"。比较科学的叫法应为"汽车扰流器"或"汽车扰流翼"。

2.4.1 如何合理选择汽车尾翼

2.4.1.1 目前市场上的尾翼按材质分类（车主对于尾翼的选择）

（1）玻璃钢尾翼

这类尾翼造型多样，有鸭舌状的、机翼状的，也有直板式的，比较好做造型，不过玻璃钢材质比较脆，韧性和刚性都不大，价格比较便宜。

（2）铝合金尾翼

这类尾翼导流和散热效果不错，而且价格适中，不过重量要比其他材质的尾翼稍重些。

（3）碳纤维尾翼

碳纤维尾翼刚性和耐久性都非常好，不仅重量轻，而且是非常美观的一种尾翼，现在广泛被F1赛车采用，不过价格比较昂贵。

2.4.1.2 尾翼的优缺点

（1）优点：提高高速行驶稳定性

安装尾翼除了美观的作用外，更大的作用是高速行驶时可以为车辆提供必要的稳定性。尤其对大功率的车来说，在高速过弯或通过复杂路段时，尾翼可以起到一定的平衡作用。

（2）缺点：城市路况行驶增加油耗

汽车表面的凸出物越少，线条越流畅，风阻越小。增加的尾翼毫无疑问会增大风阻，由于大多数轿车以城市道路行驶为主，车辆根本达不到尾翼能够发挥作用的时速，这样体积越大，低速阻力就越大，再加上车身整体重量的增加，也势必会导致油耗的上升。

因此选择一个大方得体、美观实用的尾翼才是改装的真谛。

2.4.2 施工与质检

2.4.2.1 施工前准备及所需工具

准备好安装所需的工具和材料。一般常用的工具有手电钻、螺丝刀、锤子、活动扳手、钳子等，准备好尾翼及其附属零件并按照说明做好各种处理工作。

2.4.2.2 施工过程及安装方式

尾翼的常见安装方式有螺栓固定式和粘贴式。

（1）螺栓固定式

❶ 在后备厢盖上找到适合的位置，再与尾翼上的螺栓孔配合，并做好记号。

❷ 用手电钻在后备厢盖上做记号处钻穿孔。

❸ 在钻孔位置与尾翼接合处注上硅胶以防漏水。

❹ 锁紧专固定螺钉，锁紧时由后备厢内侧向外操作。

❺ 为了减少漏水的概率，固定后还要在固定架周围注入透明硅胶。

（2）粘贴式

此方法较为简单，在尾翼贴合面轮廓上贴上双面胶贴（图2-4-1），后在后备厢盖上找到适合的位置,直接将尾翼贴合上去即可(图2-4-2)。

图 2-4-1　在尾翼贴合面轮廓上贴上双面胶贴

图 2-4-2　安装尾翼

2.4.2.3　安装质检

安装完成后,需要检查各个部件是否安装到位,螺栓是否锁紧,粘胶是否牢靠。检查安装质量,发现错位、不合缝等质量问题,及时采取补救措施。

2.5　加装倒车雷达

2.5.1　如何合理选择倒车雷达

视频精讲

(1)探头的数量

倒车雷达(图2-5-1)分为2探头、3探头、4探头、6探头及8探头。倒车雷达一般安装在汽车的后保险杠上面，6探头和8探头的安装方式是前2后4和前4后4，也有新兴越野专用前置6探头。6个以上探头的普通倒车雷达，除可探测车尾情况外，还可探测前左、右角情况。

（2）倒车雷达性能

主要包括：灵敏度、是否存在盲区、探测距离的范围。一般倒车雷达探测距离应为0.3～1.5米，好的能达到2.5m，一些倒车雷达因其敏感度不够，探测距离仅为0.4～1.2m，这样会给司机的判断及采取措施带来一定的困难。前雷达探头如图2-5-2所示。

图2-5-1　倒车雷达

图2-5-2　前雷达探头

2.5.2　施工作业

（1）施工前准备

大部分车型的倒车雷达可以通过加装模块或者解码器实现其所需功能，但某些车型特别是高端车型需要安装雷达硬件再编程后才能实现所需功能,所以施工前应准备好编程的电脑。

某些车型加装原厂的雷达,需要匹配对应的雷达探头安装支架,然而大部分雷达探头支架是不带漆的,所以需要按实际情况安排雷达支架喷漆。

(2)所需工具

❶ 拆卸保险杠所需的常规工具一套。

❷ 电钻一套+开孔钻头。

❸ 热熔胶枪一把。

(3)施工过程

❶ 打开发动机盖,拔掉前杠密封胶条(如有密封条),拆下前杠上部分紧固螺栓。

❷ 拆下前轮两侧轮拱挡泥板与前杠连接的螺栓或卡扣(图2-5-3)。

图2-5-3 拆卸前挡泥板卡扣

❸ 从前轮拱拆开的挡泥板中进入,拆卸前杠与翼子板连接的螺栓(图2-5-4)。

图2-5-4 拆卸前杠与翼子板连接的螺栓

❹ 抬起车辆，拆下前杠与底盘护板连接的螺栓。

❺ 放下车辆，检查大灯与前杠是否存在干涉。

❻ 缓慢拆下前杠，前杠与车体分离后，拔掉车体与前杠雾灯连接的电线插头（图2-5-5）。

图2-5-5　拔掉车体与前杠雾灯连接的电线插头

❼ 拆下前杠，查看是否存在前雷达预留口开洞标记。

❽ 使用电钻＋开孔钻头开雷达孔（图2-5-6）。

图2-5-6　使用电钻＋开孔钻头开雷达孔

❾ 使用合适的工具处理雷达孔（图2-5-7）。

图2-5-7　使用合适的工具处理雷达孔

⑩ 开孔后用砂纸和美工刀打磨开孔后残留的胶屑。

⑪ 使用改装的雷达探头测试新开的雷达孔大小是否合适安装,是否需要扩孔。

⑫ 检查没问题后,使用酒精擦拭开孔周边的表面,清洁后粘贴雷达探头支架(图 2-5-8)。

图 2-5-8　清洁后粘贴雷达探头支架

注意雷达探头支架的朝向,以免接下来安装雷达探头后,预留的线路不够长。

⑬ 安装探头和线束,并且整理线路,用热熔胶枪把多余的线路固定在包围背面(图 2-5-9～图 2-5-12)。

图 2-5-9　安装探头

⑭ 线路穿过翼子板由防火墙进入车内。

⑮ 接上模块,车辆通电后测试,雷达能正常工作(图 2-5-13)。

图 2-5-10 连接雷达线束

图 2-5-11 连接雷达探头线束

图 2-5-12 固定雷达探头线束

图 2-5-13 雷达正常工作

⑯ 如果一切正常,复原车辆。

a. 开孔:现今大部分车型都有标配前后雷达,只有一小部分车型的低配车或者跑车并没有标配雷达,关于雷达加装的位置定位,可以先查找加装车型的高配版本的原长雷达孔位置,而且低配车即使没有配置倒车雷达,在其前后杠包围的背面也有预留的空位标志,只需要对准预留的记号开孔即可。

b. 走线:因为每种车的构造设计都不一样,走线应该遵循以下原则,即走线应该绕开车辆在行驶过程中运动的地方,以免发生干涉,而且应该避开高温区域,以免烧坏线路,推荐线路从前杠进入过左/右翼子板后再进入车内,另外在线路与车辆其他零件接触的地方,应该缠上胶布防止磨损。

2.5.3 质检

① 检查雷达与后杠是否会存在明显色差。
② 检查雷达是否安装牢固(图 2-5-14)。

视频精讲

图 2-5-14 检查雷达是否安装牢固

❸ 检查单个雷达是否正常工作,有效距离是否达标。
❹ 检查雷达是否能正常开启(图 2-5-15)。

图 2-5-15　检查雷达是否能正常开启

2.6　加装固定踏板

2.6.1　如何合理选择固定踏板

(1)材质

首先,我们会想到固定踏板使用的材料。在外侧固定踏板包边若采用不锈钢,就能耐用许多,而且不容易生锈,这样也延长了使用寿命(图 2-6-1)。

视频精讲

图 2-6-1　外侧固定踏板

固定踏板里面可以采用铝合金或塑料，市场上的大部分产品为这种材质（图 2-6-2）。

图 2-6-2　固定踏板材质

除此之外，也应该有一定的厚度，能进一步提高它的承重力（图 2-6-3）。

图 2-6-3　固定踏板厚度

在内侧高边最好采用优质的软胶，在安装后固定踏板与车身能较好地结合起来，不会有缝隙的状况。

（2）做工

除了材料以外，影响固定踏板使用情况的另外一个因素就是做工，好固定踏板的做工应精细，在边上黑色胶与板上的铝合金材质（图 2-6-4）能结实地吻合在一起。

安装完不会出现太大的缝隙。假若没有较好地合贴在一起，极容易出现松动的状况，这样经不住长时间的踩踏。

图 2-6-4　铝合金材质

（3）表面

建议选购经过亚光磨砂、抗氧化喷砂处理后的踏板，并且有着平滑的做工，这样在长时间使用之后就不会因氧化而出现发红的状况，看着也会舒服很多。部分产品带有胶颗粒，其实它还有防滑作用。有些踏板外侧为立体条形的防滑条，建议挑选那些均匀地分布在板上的产品，可以增大防滑的作用。

2.6.2　施工作业

（1）施工前准备

清洁车辆两侧侧裙底部，用气枪把沉积的泥沙喷除干净

（2）所需工具

常规汽修工具

（3）施工过程

❶ 车辆开到升降台上，升起车辆。

❷ 松开车身两侧前后轮拱与侧裙之间的连接螺栓（图 2-6-5）。

图 2-6-5　松开车身两侧前后轮拱与侧裙之间的连接螺栓

❸ 松开两侧侧裙位于底部的固定卡扣（图 2-6-6）。

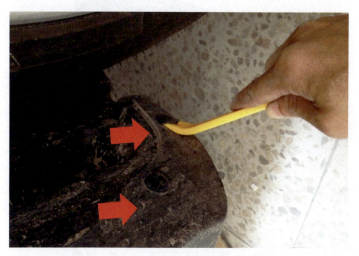

图 2-6-6　松开两侧侧裙位于底部的固定卡扣

❹ 拆卸两侧侧裙。

视频精讲

注意：

侧裙与车身之间有连接安装支架，务必小心拆卸，以防卡扣损坏。

❺ 拆卸侧裙安装支架（如需要，则替换支架，否则忽略）（图 2-6-7）。

图 2-6-7　拆卸侧裙安装支架

❻ 安装新支架（如需要，则替换支架，否则忽略）（图 2-6-8）。

图 2-6-8　安装新支架

❼ 安装固定踏板，卡扣对位（图 2-6-9）。

图 2-6-9　安装固定踏板

❽ 对好螺栓安装孔，安装固定踏板的固定螺栓（图 2-6-10）。

图 2-6-10　安装固定踏板的固定螺栓

❾ 使用合适的工具紧固固定踏板的固定螺栓（图 2-6-11）。
❿ 检查卡扣是否安装到位，检查底部及前后轮拱螺栓是否对准。
⓫ 复原车辆，完工。

第 2 章 汽车车身改装

图 2-6-11　使用合适的工具紧固固定踏板的固定螺栓

2.6.3　质检

❶ 检查固定踏板是否安装牢固。

❷ 检查固定踏板安装位置是否左右对称（图 2-6-12）。

❸ 反复开关所有车门，检查固定踏板与车门之间是否有摩擦（图 2-6-13）。

图 2-6-12　检查固定踏板安装
位置是否左右对称

图 2-6-13　检查固定踏板与车门
之间是否有摩擦

2.7　加装行李架

视频精讲

2.7.1　如何合理选择行李架

行李架（图 2-7-1）也有不同的材质，不同的形状。有的车辆在出厂时就会带有简单的行李架，行李架根据不同的大小和特点，可分为双层、单层、豪华型等；从安装的简单和复杂情况，又分为简易式和组合式。

55

图 2-7-1　行李架

安装行李架的时候一般不建议过高，尤其是对于 SUV 的车主，本来车身高度就很高了，再加上行李架一般不能超过 2.3m 的高度，所以要选择比较低的行李架。

2.7.2　施工作业

（1）施工前准备

❶ 车辆就位，把行李架放于车顶预装位置，比对是否合适。

❷ 清洁车顶原装位置，并用化油清洁剂擦拭一遍，确保安装区域无尘、无油。

（2）所需工具

热风枪、美工刀、美纹纸、十字螺丝刀（有部分车型的行李架为螺栓固定结构而非粘贴式）、助黏剂。

（3）施工过程

❶ 把行李架放置在车顶原装位置，摆放位置正确后，在行李架前后端需要安装的准确位置外围用美纹纸定位打上标记（图 2-7-2）。

图 2-7-2　做定位标记

❷ 检查左右行李架的原装位置是否对称，检查后把行李架取下，在车顶的安装位置局部涂上助黏剂。

❸ 撕开行李架前后端固定支架上的双面胶，用热风枪加热双面胶。

❹ 小心缓慢地把行李架放在车顶原装位置，并把行李架对准之前标志好的安装位置（图 2-7-3）。

❺ 检查安装位置有没有对准，两边的行李架是否对称。

图 2-7-3　安装行李架

❻ 用手压住行李架两头，固定好双面胶粘贴的部位（图 2-7-4）。

图 2-7-4　用手压住行李架两头

❼ 固定牢固后，安装完成。

视频精讲

注意：

① 安装所有粘贴件前一定要仔细清洁原装位置；
② 时刻检查两边的行李架是否位置对称；
③ 如果发现有贴错的情况，应该先用热风枪加热粘贴的区域，再拔开行李架。

2.7.3 质检

❶ 对于安装后的行李架要经常进行检查,检查是否有开胶等情况。

❷ 检查行李架位置是否左右对称(图2-7-5)。

❸ 开车上路,检查是否存在由于安装所造成的风噪。行李架承重有限,粘贴完毕后,几天不洗车、不碰水。

图2-7-5 检查行李架位置是否左右对称

2.8 加装前后护杠

2.8.1 如何合理选择前后护杠

(1)选择专车专用款的护杠

市面上有不少通用款的护杠,但是这种护杠一般与车辆的匹配度会偏低,所以在安装后可能会出现弧度不吻合、车牌安装方式有误等问题。

(2)材料

市场上有不少护杠都采用比较普通甚至是比较差的塑料,这种护杠在经历碰撞或者剐蹭的时候很容易发生损坏,暴晒后也会变脆,所以选择"ABS"工程塑料的护杠(图2-8-1)会比较理想。

(3)通过性

市面上有很多护杠产品在设计时都忽略了车辆通过性的问题,所以在选购的时候务必留意装车效果以及安装后的效果图。

第 2 章 汽车车身改装

图 2-8-1 选择"ABS"工程塑料的护杠

（4）不要妨碍倒车雷达

有不少护杠在设计之初都会忽视原车的倒车雷达，导致车主在安装后倒车雷达无法正常使用，所以在选购时务必留意护杠是否妨碍到了倒车雷达（图 2-8-2）。

图 2-8-2 留意倒车雷达的位置

视频精讲

2.8.2 施工作业

（1）施工前准备

前后护杠多为原车包围基础上的加装件，所以安装前一定要清洗好原车表面，然后比对加装的前后护杠的安装位，针对要粘贴的部分用化油清洗剂重点清洗一遍。

（2）所需工具

螺丝刀、美工刀、电钻、美纹纸、记号笔。

（3）施工过程

❶ 把前后护杠挂上车，检查原车前后护杠和加装的前后护杠匹配度

59

（图 2-8-3）。

图 2-8-3　检查原车前后护杠和加装的前后护杠匹配度

❷ 用美纹纸在衔接的地方做好记号，通过加装的前后护杠观察有没有预留的固定螺栓孔位，如有，则用记号笔打上标记（图 2-8-4）。

图 2-8-4　做装配标记

❸ 拿下加装件，用电钻在原车包围上开孔（图 2-8-5）。
❹ 撕下加装的护杠背面双面胶，并用热风枪加热双面胶。

图 2-8-5　在原车包围上开孔

❺ 对准事先做好的记号安装护杠（图 2-8-6）。

图 2-8-6　对准事先做好的记号安装护杠

❻ 用手压紧粘贴的地方。

注意要点：安装完毕后检查，如有粘贴不牢的地方，用热风枪对粘贴的地方局部加热（图 2-8-7）再用力压紧，直到冷却为止即可。

图 2-8-7　加热粘贴的地方

2.8.3　质检

❶ 检查护杠安装后是否存在非正常缝隙，如果发现，必须检查是否产品本身存在变形（图 2-8-8）。

❷ 检查车牌安放位置是否发生遮挡。

❸ 检查护杠是否会影响倒车雷达正常工作（图 2-8-9）。

❹ 检查护杠安装后离地间隙是否过小。

图 2-8-8　检查护杠安装情况

图 2-8-9　检查护杠是否会影响倒车雷达正常工作

视频精讲

视频精讲

视频精讲

第 3 章
汽车底盘改装

3.1 行车系统

视频精讲

3.1.1 改装轮胎轮圈

想改装（升级）轮胎轮圈，首先要知道轮胎轮圈的型号。一般轿车轮胎上会有标记，如富康车轮胎的标记为 165/70R14：第一个数字 165 是指轮胎宽度为 165mm；第二个数子 70 是指轮胎截面高度为轮胎宽度比值的 70%，即轮胎宽度为 165mm 时轮胎截面高度为 165mm×70%=115.5mm；最后的 R14 代表轮圈的直径为 14in（1in=2.54cm，下同）。如富康车轮圈型号为 146.5J：14 指轮圈直径为 14in；6.5 指宽度 6.5in，沟槽形状为 J 形（图 3-1-1）。

所以，知道了型号后便可以通过计算尺寸将轮胎轮圈升级。

例如轮胎标记为 185/65HR14 时，英文字母 HR 表示时速允许代码，其中 H 表示速率限制，而 R 表示轮胎种类，最后的 14 则表示轮圈的直径为 14in。改装大轮胎时一定要注意，了解轮胎的基本标示规格后，欲选择更换轮胎时有一整套相互兑换的原则可供遵循，应注意的是换胎时轮胎直径高度以不超过

20mm 为限，在允许的范围内才可更换加大的轮胎尺码，其计算方法为：

（轮圈高度 – 轮胎高度）×2+ 轮胎直径 = 轮圈直径高度（mm）

图 3-1-1　轮胎标记

所以 185/65HR14 这组车轮直径高度为 120×2+356=596mm。

我们知道在胎高限制下可换用直径高度为 609.2mm 的 195/65R14 轮胎，若要连轮圈一同加大，则可使用直径高度为 615mm 的 195/60R15 轮胎。因为这两组车轮的直径高度在互换后差距都在 20mm 的允许更换范围内，所以可以相互更换，可自行换算。

首先我们要了解，原厂所附轮胎尺寸是为了成本考量还是代表该尺寸已足够使用？答案是各占一半，如此可知，在动力未有所提升的前提下，改装应以同一尺寸为方向，但有些大功率车辆由于输出轮力量较大，而原厂并未针对其大功率输出而加大轮胎尺寸，此时，就可考虑针对输出轮进行加大尺码的改装。另外，原厂本身考虑过底盘所能承受的轮胎轮圈的搭配，其实如果不是给底盘太大的压力，换同尺寸高档点的轮胎会有不少正面的好处。再者，轮胎定时更换位置更能借其均衡的磨耗而延长寿命，而更换方式则以同侧前后对调即可，而对调的时间可以和更换机油的时间同步。

3.1.2　升级轮辋

轮辋的升级，也是汽车改装的基础项目之一。无论是喜欢动力升级的朋友还是喜欢提升操控性的朋友，都需要对车辆的轮辋进行升级，因为轮辋的改装不仅是一种最直接的能够体现车主个性的方式，而且只有提升了轮辋的规格，才会有效地增大轮胎的抓地力，防止轮胎出现打滑失控现象。

一般车主更换轮辋的目的，除了损坏之外，最主要的是为追求外观的多样性变化或者为了满足特殊的功能性需求。如果是纯粹为了追求外观的变化,除了选用原厂尺寸的轮辋之外,大多数人都会选择加大尺寸的轮辋,因为大轮辋在视觉上更美观,同时能够对应加大尺寸的轮胎,提供更好的操控稳定性,可谓一举两得。但是在更换大尺寸的轮辋时要注意相应的换算方式,只有经过正确的换算,才可以选择合适的轮胎,否则会造成时速表的显示误差。

还有一种更换方式是追求轮辋的轻量化,以降低车辆本身的悬架重量,这样能够有效地提升车辆转向、悬架、制动部分的反应速度,大幅度提高操控性。但是,由于轻量化的轮辋本身的材质选用严格,制造工艺水平要求很高,所以成本会比一般的轮辋高,价格也会比较贵。而且轻量化的设计会切掉轮辋的多余的地方,所以在外形设计上也会显得单调很多。一般有竞技趋向的车型都会选择轮辋的轻量化改装。

想了解轮辋,首先我们先来了解一下轮辋的制造过程。现在我们能看到的轮辋,可以分为铁质轮辋和铝合金轮辋,由于铁质轮辋已经趋于淘汰,所以我们了解一下铝合金轮辋。常见铝合金轮辋的制造方式,可以分为锻造、熔汤锻造、低压铸造、熔汤铸造、倾斜铸造、重力铸造6大类。其中刚性最强、重量最轻的是锻造方式。所谓锻造就是将整块的铝锭经由质量达千吨以上的模具一次性挤压成形(制造压力可以达到$1.6×10^7 N/cm^2$,而铸造件密度只有$2.2kg/cm^3$),这样会使轮辋的整体密度平均化,材料强度也提高不少,同时减轻了质量(图3-1-2)。以15in的铝合金轮辋为例,专业的轮辋制造商生产的产品,质量可以控制在3.6~3.8kg,比起其他的制造方式,能够轻一半以上,但是制造成本高出铸造4~5倍,价格惊人。至于低压铸造则是较为折中的方式,制造过程是将铝和其他金属合金用高温熔化成液态,再注入模具内成形,这样既能达到高强度、轻量化的目的,又能控制制造成本,是现在大多数改装用轮辋的主流制造工艺。

图3-1-2 锻造轮辋

在选择要更换的铝合金轮辋的时候,除了要选自己喜欢的式样外,还要注意铝圈的造型与散热效能的关系。轮辋的造型决定制动系统的散热效率,所以选择合理造型的轮辋是很关键的。在这里我们帮大家分析一些市面上常见的轮辋类型与散热的关系。

❶ 传统多爪式采用传统的细条五爪或六爪型的设计,属于经典的耐看式样,这种设计对于制动系统的散热效率很有帮助。至于一些三爪或四爪式样的轮辋,虽然更能够帮助散热,但是由于支撑条辐太少,路况太差时,其抗扭曲、耐撞击的能力和强度堪忧。

❷ 辐射线式采用多辐式,甚至是类似树枝形状的造型设计,感觉很有运动气息,其平衡对称的镂空间隔,对散热很有帮助。

❸ 包覆式采用多个大面积的轮辐,具有豪华高档的感觉,不过对于散热功能来说却毫无作用,有些反而会因为造型的关系产生聚热的效果。

换装完铝圈之后,并不是万事大吉,还要进行检查,才能放心使用。首先必须检查轮框是否会磨到制动分泵、减振或者悬架系统的部件。另外,选用加大尺寸的轮辋时需要注意,胎缘不能凸出前翼子板,以免在行车或转向的时候轮胎与翼子板发生摩擦,这样会损坏轮胎甚至发生爆胎等危险事故。其次,在行使过一段时间以后,需要定时检查平衡铅块和螺母有无松动或者脱落。另外胎壁是否出现不正常的膨胀,通常这种现象是由于此处曾经被猛烈地撞击过,胎壁的钢丝断裂引起的,当然轮辋在这个位置的圆度也会受到影响。这是检查轮辋是否变形的直接方法。如果轮辋出现裂痕,就算进行补焊,强度也会大大降低,只要再次碰撞,随时会再次破裂,所以为了行车安全,还是更换为好。

3.1.3 轮胎和轮辋升级的原则及替换规格

轮胎和轮辋是密不可分的,只有全面地合理升级,才会取得理想的改装效果。轮胎和轮辋的升级有两个原则。

(1) 圆周不变

对于轮辋,最重要的就是先确定原有轮胎的规格。更换规格不同的轮胎会影响到里程表的精确度,性能表现也不会完美。每条轮胎都有它的规格型号,在不考虑轮胎品牌、型号、性能的情况下,至少要先确认原车胎的标准规格。轮胎的圆周大小对仪表的精确度会造成影响,所以无论是维持原先的规格,或者是更换更宽大的轮胎,都要以不改变或者尽量少改变轮胎圆周为前提。圆周的计算方式就是圆的直径与圆周率相乘,换句话说,会影响轮胎圆周大小的唯一变数就是轮胎直径。

轮胎直径应该怎么计算呢?很简单,就是"轮辋直径+胎宽×扁平比×2",

以现行的国产小车中最常见的轮胎尺寸 185/65R14 为例，计算如下。

14in（轮辋直径）×25.4+185mm（胎宽）×0.65（扁平比）×2 ＝ 355.6mm+240.5mm=596.1mm，这就是轮胎直径（14×25.4 是将英寸转换为毫米单位）。

如果不是更换相同规格的轮胎，而是要将轮胎加宽、加大，那么可以利用上面的公式来计算，只要轮胎的直径误差在 2% 以内，都是可以接受的范围。

此外，轮胎的宽度也是必须考虑的。如果不在乎性能与视觉效果，纯粹只想省油的话，可以换较窄的轮胎。大多数的消费者都会将轮胎加宽加大，这样在视觉效果、轮胎抓地（摩擦系数）和胎壁变形量上会有所改善。尽管随之而来的是油耗的增加以及路面噪声的增加，但相对于更换后抓地性和稳定性的提升，这样的"牺牲"还是值得的。

（2）驾驶方式与行车环境

当规格确定之后，接下来就要考虑自己实际的开车状况了。

如果你开车只是为了纯粹的日常代步，或者是经常长距离行驶，那么轮胎的舒适性、静音状况是必须要追求的重点。以舒适性为导向的轮胎是不错的选择，这种类型的轮胎扁平比不会太低（起码在 0.55 以上），花纹比较细碎（对称型或者非单导向胎纹为主）且胎壁较为柔软。

如果你喜欢开快车，经常高速过弯，急起步，急刹车，那么轮胎性能更为重要，这时就必须"牺牲"一些行车舒适性与轮胎的耐磨度（以单导向胎纹为主）。当然，高性能车胎价格也会比较高。

如果你经常处于潮湿多雨地区，轮胎的排水性就会显得尤其重要。出于安全考虑，建议你选一组雨胎或者湿地胎。

如果你经常处于积雪的地区，最好选择抗冰雪性的轮胎，以增加接触面积或提高抓地性。

《轮胎规格替换指南》（GB/T 26278—2017）标准规定了轮胎规格替换的要求，适用于轿车轮胎、载重汽车轮胎。轿车轮胎替换规格见表 3-1-1。

表 3-1-1　轿车轮胎替换规格

原配规格	替换规格			原配规格	替换规格		
135/80R12	135/70R13	—	—	255/65R17	255/60R18	255/55R19	—
185/80R13	185/75R14	—	—	255/65R18	255/60R19	—	—
185/80R14	185/65R16	—	—	265/65R17	265/60R18	—	—
215/80R14	215/70R16	—	—	285/65R17	285/60R18	285/50R20	—
215/80R15	215/75R16	—	—	185/60R14	185/55R15	—	—

汽车改装技能速成

续表

原配规格	替换规格			原配规格	替换规格		
235/80R16	235/65R19	—	—	185/60R15	185/55R16	—	—
165/75R13	165/60R15	—	—	195/60R14	195/55R15	—	—
185/75R14	185/70R15	—	—	195/60R15	195/55R16	—	—
195/75R14	195/70R15	195/60R16	—	205/60R14	205/55R15	—	—
195/75R15	195/70R16	—	—	205/60R15	205/55R16	—	—
205/75R14	205/70R15	205/65R16	—	205/60R16	205/55R17	—	—
205/75R15	205/70R16	—	—	215/60R15	215/55R16	—	—
215/75R14	215/65R16	—	—	215/60R16	215/55R17	—	—
215/75R15	215/70R16	—	—	215/60R17	215/55R18	—	—
225/75R14	225/70R15	225/60R17	—	225/60R14	225/50R16	225/45R17	—
225/75R15	225/70R16	225/65R17	225/60R18	225/60R15	225/55R16	225/50R17	—
225/75R16	225/70R17	—	—	225/60R16	225/55R17	225/50R18	—
235/75R15	235/70R16	235/65R17	235/60R18	225/60R17	225/55R18	—	—
235/75R16	235/70R17	235/65R18	—	235/60R14	235/50R16	235/45R17	—
235/75R17	235/65R19	—	—	235/60R15	235/50R17	235/45R18	—
255/75R15	255/70R16	255/65R17	255/60R18	235/60R16	235/55R17	235/50R18	—
265/75R15	265/70R16	265/65R17	—	235/60R17	235/55R18	235/50R19	—
165/70R14	165/65R15	—	—	235/60R18	235/55R19	—	—
175/70R12	175/65R13	—	—	245/60R14	245/45R17	—	—
175/70R14	175/65R15	—	—	245/60R15	245/55R16	—	—
185/70R13	185/65R14	185/55R15	—	245/60R16	245/55R17	245/50R18	245/45R19
185/70R14	185/65R15	—	—	255/60R15	255/55R16	255/45R18	—
185/70R15	185/65R16	—	—	255/60R16	255/55R17	255/50R18	255/45R19
195/70R13	195/65R14	—	—	255/60R17	255/55R18	255/50R19	—
195/70R14	195/65R15	—	—	255/60R18	255/55R19	255/50R20	—
195/70R15	195/65R16	—	—	255/60R19	255/55R20	—	—
205/70R13	205/65R14	—	—	265/60R17	265/55R18	265/50R19	265/45R20
205/70R14	205/65R15	205/60R16	—	265/60R18	265/50R20	—	—

续表

原配规格	替换规格			原配规格	替换规格		
215/70R14	215/65R15	215/60R16	—	275/60R15	275/55R16	275/45R18	—
215/70R15	215/65R16	215/60R17	—	275/60R16	275/55R17	—	—
225/70R14	225/65R15	225/60R16	225/55R17	275/60R17	275/50R19	275/45R20	
225/70R15	225/65R16	225/60R17	225/55R18	275/60R18	275/50R20	—	—
225/70R16	225/65R17	225/60R18	—	195/55R14	195/50R15	—	—
235/70R14	235/60R16	235/55R17	—	205/55R14	205/50R15	—	—
235/70R15	235/65R16	235/60R17	235/55R18	205/55R15	205/50R16	—	—
235/70R16	235/65R17	235/60R18	—	205/55R16	205/50R17	—	—
235/70R17	235/65R18	—	—	215/55R15	215/50R16	—	—
245/70R15	245/60R17	—	—	215/55R16	215/50R17	—	—
245/70R16	245/65R17	—	—	225/55R14	225/50R15	225/45R16	—
255/70R15	255/65R16	255/60R17	255/55R18	225/55R15	225/50R16	225/45R17	225/40R18
255/70R16	255/60R18	255/55R19	—	225/55R16	225/45R18	—	—
255/70R17	255/60R19	—	—	235/55R15	235/50R16	235/45R17	235/40R18
265/70R16	265/65R17	265/60R18	—	235/55R16	235/50R17	235/45R18	—
275/70R16	275/65R17	275/60R18	—	235/55R17	235/50R18	235/45R19	—
205/65R14	205/60R15	—	—	235/55R18	235/50R19	235/45R20	—
205/65R15	205/60R16	—	—	245/55R16	245/45R18	—	—
215/65R14	215/60R15	215/55R16	—	245/55R17	245/50R18	245/45R19	—
215/65R15	215/60R16	—	—	245/55R18	245/50R19	—	—
215/65R16	215/60R17	215/55R18	—	255/55R16	255/45R18	—	—
215/65R17	215/60R18	—	—	255/55R17	255/50R18	255/45R19	—
225/65R15	225/60R16	225/55R17	—	255/55R18	255/50R19	255/45R20	—
225/65R16	225/55R18	—	—	255/55R19	255/50R20	—	—
225/65R17	225/60R18	—	—	265/55R18	265/50R19	265/45R20	—
235/65R16	235/60R17	235/55R18	235/50R19	265/55R19	265/50R20	—	—
235/65R17	235/60R18	235/55R19	—	275/55R16	275/50R17	275/45R18	—
255/65R15	255/55R17	—	—	275/55R19	275/50R20	—	—
255/65R16	255/60R17	—	—	285/55R19	285/50R20	—	—

续表

原配规格	替换规格				原配规格	替换规格			
6.00-15LT	6.00R15LT	—	—	—	7.00-20	7.00R20	—	—	—
6.50-15LT	6.50R15LT	—	—	—	7.50-20	7.50R20	8R22.5	—	—
7.00-15LT	7.00R15LT	—	—	—	8.25-20	8.25R20	9R22.5	—	—
7.50-15LT	7.50R15LT	—	—	—	9.00-20	9.00R20	10R22.5	275/80R22.5	—
7.50-15LT	7.50R15LT	—	—	—	10.00-20	10.00R20	11R22.5	295/80R22.5	285/75R24.5
6.50-16LT	6.50R16LT	—	—	—	11.00-20	11.00R20	12R22.5	315/80R22.5	315/75R24.5
7.00-16LT	7.00R16LT	215/75R17.5	—	—	11.00-22	11.00R22	12R24.5	—	—
7.50-16LT	7.50R16LT	8R17.5	—	—	12.00-20	12.00R20	13R22.5	—	—
8.25-16LT	8.25R16LT	9R17.5	—	—	13.00-20	13.00R20	—	—	—
9.00-16LT	9.00R16LT	10R17.5	—	—	14.00-20	14.00R20	—	—	—
7.50R15LT	215/85R16LT	—	—	—	12.00-24	12.00R24	—	—	—
7.50R16LT	8R17.5	225/70R19.5	—	—	7.50R20	8R22.5	—	—	—
8.25R16LT	9R17.5	—	—	—	8.25R20	9R22.5	—	—	—
9.00R16LT	10R17.5	—	—	—	9.00R20	10R22.5	275/80R22.5	—	—
205/70R14LT	205/65R15LT	—	—	—	10.00R20	11R22.5	295/80R22.5	285/75R24.5	—
215/75R14LT	215/70R15LT	—	—	—	11.00R20	12R22.5	315/80R22.5	315/75R24.5	—
215/75R15LT	215/70R16LT	—	—	—	12.00R20	13R22.5	—	—	—
255/75R15LT	255/70R16LT	—	—	—	11R22.5	295/80R22.5	285/75R24.5	—	—
315/75R16LT	315/70R17LT	—	—	—	12R22.5	315/80R22.5	315/75R24.5	—	—
235/85R16LT	225/70R19.5	—	—	—	295/80R22.5	315/75R22.5	—	—	—
255/85R16LT	245/70R19.5	—	—	—	295/75R32.5	315/70R22.5	—	—	—

3.2 制动系统

  制动系统的改装升级，顾名思义就是要改善制动性能和缩短制动距离，最终目的就是提高行车安全系数。

高性能制动系统应该具备以下条件。

❶ 整套制动系统应该配备多活塞刹车卡钳，例如4活塞、6活塞、8活塞，甚至是10活塞等。

❷ 制动系统轻量化设计。一套高性能制动系统，不仅是制动性能强大，而且是轻量化的设计理念，减轻刹车盘和刹车盘中心合头的重量是对车身进行减重的"重要利器"，不仅可以节省燃油，还可以提高加速度，从而提高车辆的运动性能。

❸ 制动系统快速散热性能和耐高温性能。由于高性能制动系统所产生的摩擦温度是原厂制动系统的2～3倍，所以应具备快速散热的设计构造和具备承受高温的合金材料配方。

3.2.1　如何合理选择一套适合自己汽车的高性能制动套件

行车安全是一个非常严肃的命题，制动系统升级更是一个严谨的安全核心问题。汽车厂商对于每个车型的设计，包含外观、性能、安全、适用性等都有一套严谨而又有针对性设计方案和理念，从而迎合不同用户的需求。

举例说明：某个热卖品牌的大型SUV，其动力性能、越野性能、道路适用性能、用车实用性都是按针对某个用户群体的标准去设计，其车身底盘高，越野通过性强，车身空载质量达到3t，动力性能高达368kW，设计速度为220km/h。这个车型是明显针对崎岖不平的道路设计的，而不是针对一般城市路况设计的，厂商设计这款车的时候其车速并不是重点考虑，然而对于此类车型的制动系统就有一个适配的综合考虑因素在里面。

购买车辆时，用户会根据自己的需求来选择自己心仪的车型，往往在使用车辆过程中，可能会出现一些自己无法应对，或者满足不了现时用车需求的情况，所以在汽车售后市场板块就有一个汽车升级的体验需求。例如：外观升级、车身颜色个性化、车辆性能升级等一系列的汽车后市场需求，那么其中一个板块就是涉及制动性能的安全升级体验。众所周知，制动系统的安全性属于非常严肃的安全话题，其危险程度应当置于首位，但是在众多的用户调查中发现，真正意识到这一点的用户只有10%～15%，而出于外观款式，动力性能等因素考虑所占比例较多。

可以通过以下条件筛选一套适合的高性能制动系统。

❶ 车型品牌：奔驰、宝马、奥迪、本田、丰田、马自达等。

❷ 车型：紧凑型小轿车、B级车、C级车、小型SUV、中型SUV、大型SUV。

❸ 排量：2.0L以下，2.0～3.0L，3.0L以上。

❹ 质量：1～1.5t，1.8～2t，2t以上。

❺ 车型价格选择区间（表3-2-1）。

表3-2-1　车型价格选择区间

车价/元	10万以下	10万～15万	15万～20万	20万～25万	30万～40万	40万
刹车品牌首选	三线品牌	三线品牌	三线品牌	二线品牌	一线品牌	一线品牌
刹车品牌次选	二线品牌	二线品牌	二线品牌	一线品牌	一线品牌	一线品牌

注：根据不同的车型的价格，选择匹配的刹车系统产品的品牌。

❻ 轮毂：轮毂-轮胎适配表（表3-2-2）。

表3-2-2　轮毂-轮胎适配表（15～22in）

轮毂/in	轮胎/mm			
15	285			
16	285	295	300	
17	330	335		
18	355	362		
19	360	365	370	380
20	380	390	405	
21	390	405	410	
22	410	412	420	

❼ 刹车系统产品的品牌。

一线品牌：APracing、Brembo、ENDLESS、ALCON等国际名牌。

二线品牌：STOPTECH、Willwod等行业名牌。

三线品牌：DICASE、COOLIRACING等国产自主品牌。

❽ 刹车系统产品价格区间选择：4000～5000元、5000～7000元、7000～9000元、9000～12000元、12000元以上。

3.2.2　如何选择一套高性价比的制动升级系统

（1）刹车卡钳选择

在选择刹车卡钳的时候，通常都会选择多活塞型刹车卡钳，例如2活塞、

72

4活塞、6活塞、8活塞、10活塞。在如此多的型号中，每个型号的卡钳都有压力系数、强度、刚性、操作舒适性、敏捷性。那么选择一个适合自己车辆的刹车卡钳其实并不困难，例如根据之前所提到的筛选办法，根据各自条件选择基本的方向，结合车辆的重量、功率、卡钳大小、轮毂尺寸、总泵供油量以及产品价格进行对比选择。当然，询问厂家的匹配方案尤其重要，不建议自己盲目选择购买，以免出现不匹配情况。

（2）刹车片选择

刹车片的类型众多，其使用的材料一般有几大特点：摩擦系数、噪声率、耐磨性、耐高温性、稳定性等，这些特点会直接影响我们的使用感受，所以需要根据自己的行车状况、路况、驾驶体验和适用性选择刹车片。例如：刹车片的摩擦系数高低会直接影响制动的效能，也会直接影响噪声率的大小。刹车片的温度直接影响刹车片的高温制动稳定性，也直接影响体验效果。所以选择刹车片的时候，需要根据自己的使用情况而定，不是耐高温就好，也不是摩擦系数高就好。

（3）刹车盘选择

刹车盘的选择比较简单，但是一定需要选择高质量的刹车盘。例如：刹车盘的材质和制造工艺，可以影响刹车盘的刚性，导致刹车盘变形；刹车盘的尺寸大小，可以影响制动效果和轮毂适配性。

刹车盘的款式有划线的、打孔的，也有划线打孔并用的。划线盘的线条可以增加刹车片与刹车盘之间的摩擦横向切削力，从而达到增加摩擦的效果，打孔盘的孔可以增加刹车盘的通风散热效果，从而减少刹车盘热能聚集导致的变形。根据刹车系统对应的匹配要求，可以自由选择。

3.2.3 制动升级系统安装施工步骤及说明

3.2.3.1 施工前准备

❶ 阅读安装说明：查询说明书，以熟悉和了解安装过程及注意事项。

❷ 配件检查：订购的产品零部件和相关小配件、说明书等是否齐全。

❸ 工具准备，所需工具：轮胎拆卸设备和工具；油管拆卸工具；各种型号扳手与套筒工具；排空设备。

❹ 清洁事项：拆卸原车配件，清洁原车轴头，保护油管接头，防止滴漏。

❺ 施工过程：按照产品的安装步骤及说明进行操作。

❻ 质检工作：安装完成后的检查、路面测试、刹车零部件开皮磨合等按照说明书进行。

3.2.3.2 施工步骤

📌 **第一步：** 配件检查。

❶ 安装制动系统前要检查配件是否齐备，配置清单见表 3-2-3。

表 3-2-3　配置清单

品名	数量	注意事项
刹车卡钳	2个	确定　左右配对，轴前轴后配对
刹车片	4片	确定　刹车片与卡钳配套，同时与刹车盘匹配
刹车油管	2条	确定　刹车油管长度，接头凹凸嘴匹配，卡位配件齐全
刹车盘	2个	确定　刹车盘直径、厚度、款式
合头	2个	确定　刹车盘与合头连接是否正常
桥位	2个	确定　检查螺栓配件、垫片是否齐全
其他配件	1套	确定　所需附件，如法兰垫片、专用垫片、刹车油等

准备好备件（图 3-2-1）。

图 3-2-1　准备好备件

❷ 轮毂尺寸确认：安装前首先要检查汽车的轮毂是否能匹配刹车套件，确定没问题再进行下一步。

📌 **第二步：** 拆卸原车配件。

首先拆卸轮毂，然后拆卸原车的卡钳和刹车盘。

> **注意：**
> 原车油管暂时不能拆，以防所订购的产品不正确或者安装失败需要复原（图 3-2-2）。

视频精讲

图 3-2-2　拆卸原车的卡钳和刹车盘

第三步：清洁原车轴头。

安装前需要把原车轴头面清理干净（图 3-2-3），把锈迹打磨掉，如果没有把锈迹打磨掉会影响刹车盘的平整度，这样会出现刹车抖动现象。

图 3-2-3　清洁原车轴头

第四步：安装桥位。

完成上面三步后接下来就是安装桥位（桥位也俗称转接支架），桥位的安装方法要准确，因为桥位有四种安装方法，要根据商家指定的安装方位来安装，否则有可能会出现桥位安装不上的现象。一般商家都配备一份安装桥位方位图，如图 3-2-4 所示。

图 3-2-4　安装桥位方位图（俯视图）

> **第五步：** 安装刹车盘和刹车卡钳。

❶ 首先检查并且清理"羊角"上的毛坯和毛刺（图 3-2-5），毛坯和毛刺会阻碍桥位安装。

❷ 按照桥位方位图锁好桥位，锁紧螺栓，切忌扭力过大而损坏桥位螺牙。

❸ 接下来安装刹车盘，注意：锁定刹车盘固定螺栓，转动刹车盘，检查刹车盘是否会触碰羊角零部件，包括悬架系统的摆臂、挡泥板、桥位、螺栓等，如果出现刹车盘的挡泥板触碰刹车盘和刹车卡钳，则将其拆卸或者切割掉。

❹ 然后安装上刹车卡钳，锁紧螺栓，切忌扭力过大而损坏桥位螺牙。

注意事项：卡钳左右区分，刹车卡钳导油管朝向正确（油管应朝下）。

图 3-2-5　清理"羊角"上的毛坯和毛刺

❺ 检查刹车卡钳的卡盘口与刹车盘是否在正中间（图 3-2-6），如果有所偏差，可以通过专用调整垫片进行加减垫片调整刹车卡钳的左右和高低（刹车盘必须确认安装好，并且使用轮胎螺栓锁紧固定在轴头上）。

注意检查刹车盘是否会碰到悬架系统,如摆臂、挡泥板、桥位等。

图 3-2-6　检查刹车卡钳的卡盘口与刹车盘是否在正中间

❻ 检查没问题后,安装轮毂,检查轮毂空间是否能容纳卡钳(轮毂不能刮到卡钳)。如果装上轮毂转动时轮毂的辐条刮到卡钳那,则需要加装垫片(或法兰盘),把轮毂垫出外圈,这样才不会刮到卡钳(图 3-2-7)。

图 3-2-7　检查轮毂空间是否能容纳卡钳

第六步：安装刹车油管。

❶ 做完以上步骤，接下来就是安装刹车油管。安装好刹车油管之后，要把油管的位置调整好，不能让油管碰到车架，并且来回打方向盘确认油管位置是否正确，并且无剐蹭。

❷ 调好油管位置则进行空气排空（图3-2-8），排空气时一定要启动汽车发动机进行，不能熄火排空气，熄火是没有压力的，至于排空气所需要的刹车油量，视车型而定（必须注意：刹车油具有高腐蚀性，会腐蚀卡钳表面的油漆，在排空气过程中一定要用水冲洗）。

❸ 排空气程序完成后把所有螺栓都锁紧，并且装上轮毂。注意：需要检查刹车油管是否碰到轮胎、避震机、悬臂部件等，放下车后在原地打方向来回测试，确定没问题后再进行试车、开盘、开皮。

图3-2-8　安装刹车油管并排空气

第七步：安装工程质检。

安装完成后，需要检查各个部件是否安装到位，螺栓是否锁紧。

检查刹车卡钳、刹车油管是否漏油等。

原地制动操作检查：在原地测试制动系统工作是否正常，应顺畅，无异响。

路面测试：安装完成的制动系统需要到安全空旷的地方进行路面测试和检查。

安装新的制动系统、换新刹车片、换新的刹车盘等安装注意事项如下。

❶ 新制动系统零件更新，如刹车片、卡钳、刹车盘，都必须进行开皮与磨合。

❷ 正确的开皮可以将刹车皮表面的松散表皮层和毛刺刮磨掉，使得刹车效果和摩擦力正常发挥，并且让刹车皮和刹车盘配合得更加吻合与紧密，减少日后使用时的刹车噪声和异响。

❸ 正确的刹车盘或者刹车片的磨合，可以提升和快速发挥刹车效果。

3.2.3.3 开皮方式

安装新刹车片、刹车盘和卡钳后，开皮过程如下。

❶ 第一次开皮：从车辆时速 50km 开始，用适度刹车力度减速至时速 20km，这样的动作重复 8～10 次，并且每次相隔 40s。

❷ 第二次开皮：从车辆时速 70km 开始，用更大的刹车力度减速至时速 30km，这样的动作重复 3 次，并且每次相隔 1min。

❸ 开皮减速方式为一脚刹车，不要拖刹。

❹ 开皮完成后可以正常使用，磨合期内切勿暴力使用刹车。

3.2.3.4 磨合方式

磨合要求和注意事项如下。

❶ 安装新的制动系统后，必须进行一段时间正常磨合，使得刹车片和刹车盘的配合度达到最佳标准。

❷ 在磨合过程中，切忌暴力使用制动系统，切忌在高温状态下碰水，从而减少刹车噪声产生的概率和提升刹车效果。

❸ 在磨合的过程中，每磨合 100km，刹车效果可以发挥 10%，直至 100% 发挥。磨合要求为 1000km。

❹ 磨合完成后，可以正常使用制动系统。

3.3 悬架系统

悬架系统的改装通常指改装运动弹簧及减振器。

3.3.1 如何选择合适的运动短弹簧

视频精讲

弹簧属于车辆悬架系统总成的一部分，悬架系统的减振器和避振弹簧可以吸收路面带来的振动，确保车内人员舒适。车辆偏向舒适是以牺牲运动性能为代价的，升级运动短弹簧就是为了把车辆悬架系统支撑力更好地提升，让车辆在驾驶的时候拥有更好操控性，同时短弹簧可以有效降低车身高度，达到更好的姿态效果。当驾驶车辆高速行驶或者大角度转弯的时候，运动短弹簧可以给车辆提供足够的支撑，使车辆最大限度减少车身侧倾，预防侧翻，提高安全性能。所以在选择升级短弹簧时必须要选择不影响舒适性，同时有着足够支撑力的短弹簧进行升级改装。

3.3.2 施工与质检

(1) 施工前准备

❶ 准备好专车专用运动短弹簧（图3-3-1）。

图3-3-1　专车专用运动短弹簧

❷ 安装短弹簧防异响胶圈（图3-3-2）。

图3-3-2　安装短弹簧防异响胶圈

❸ 使用举升机把汽车升起，拆卸后悬架弹簧（图 3-3-3）。

图 3-3-3　拆卸后悬架弹簧

（2）所需工具

准备拆卸悬架总成的工具。

专用的减振器拆卸工具如图 3-3-4 所示。

图 3-3-4　专用的减振器拆卸工具

（3）施工作业

❶ 先使用常规拆卸工具把悬架摆臂和悬架总成分离拆除。

❷ 使用弹簧专用拆卸工具把原车减振器上的原车弹簧拆除（图 3-3-5）。

❸ 使用弹簧拆卸工具压缩运动短弹簧，把运动短弹簧按照原装减振器孔位安装上去，注意减振器塔底和塔顶部位要与运动短弹簧匹配安装（图 3-3-6）。

❹ 确定减振器塔顶部位螺栓上紧固定。

❺ 把更换运动短弹簧后的减振器总成按照原来的位置安装到车身上。

❻ 安装运动短弹簧到后悬架（图 3-3-7）。

汽车改装技能速成

图 3-3-5　拆卸原车的弹簧

图 3-3-6　安装运动短弹簧

图 3-3-7　安装运动短弹簧到后悬架

❼ 把原车轮胎进行动平衡处理，然后进行安装。

（4）安全检查

❶ 检查减振器总成和车身安装连接是否牢固。

❷ 检查车身下降高度数值是否符合规定（图 3-3-8）。

图 3-3-8　检查车身下降高度数值是否符合规定

第3章 汽车底盘改装

❸ 启动车辆行驶一段距离（短弹簧需要磨合）（图 3-3-9）。

图 3-3-9 试车

3.4 车身强化

视频精讲

3.4.1 强化件：轻松解决车身变形问题

日常在行车的过程中你是不是发现有转弯不顺手的情况？几年过去了你是否发现你的车有轻微的变形？你是否考虑过为你的爱车加装一样部件，以改变因车身刚性低而造成的变形问题，而且能让车辆操控更灵敏、更舒适？这个部件就是底盘强化件（图 3-4-1）。

图 3-4-1 解决车身变形问题

（1）常见问题：车辆轻微变形

目前我们常见的车辆由于成本、舒适性等的问题，厂商没有加装相关的强化件，对于一些家用车，厂商通常不太在意操控和运动性，反而注重整车行驶过程的舒适性，这样会导致车辆的刚性大大减少。在刚性小的情况下转弯会给车身带来一定的倾斜和扭曲，影响到轮胎和地面的接触面，造成车辆转弯性能和操控性能有所下降，加剧轮胎的磨损、导致车身变形等（图 3-4-2）。

图 3-4-2　车辆轻微变形

（2）解决办法：加装强化件

车身刚性越低，所造成的形变就越严重，可从加强车身刚性的角度来改善车辆存在的缺点，加装强化件是一种可行的方式。

强化件，简单来说就是升级，强化件可将底盘没有强化或者强化力度不够的各个部件进行强化，使得车辆操控感觉会更灵敏，车身也会吸收来自地面的冲击；提高舒适性，车辆行驶也会更稳定，减少车身老化带来的松散感；还能将悬架的作用发挥到极致，使车身有效地分散扭力，从而加强车身刚性，抑制车身扭曲。

打个比方：我们的裤子比较松穿不上的时候，那么我们该怎么处理？

我们可以想到的：

❶ 去换一条裤带；

❷ 去加一条皮带。

总结出来就是：替和加。替换更好的强化件就是"替"，强化车辆不足处就是"加"。

3.4.2　安装位置与功能

3.4.2.1　加强型防倾杆（图3-4-3）

图 3-4-3　加强型防倾杆

俗称：平衡杆（虾须）。

位置：设计安装于左右装吊上。

功能：当左右两轮行经相同的路面凸起或凹陷时，防倾杆并不会产生作用。但是如果左右两轮分别通过不同路面凸起或凹陷时，即左右两轮的水平高度不同时，会造成杆身的扭转，产生防倾阻力抑制车轮滚动。也就是说当左右两边的悬吊上下同步动作时防倾杆就不会产生作用，只有在左右两边悬吊因为路面起伏或转向过弯造成的不同步动作时防倾杆才产生作用。因此，配合适当的防倾杆不但可以减少侧倾，更不必牺牲应有的舒适性和循迹性。

3.4.2.2　前轮减振塔塔顶平衡拉杆（图3-4-4）

图 3-4-4　前轮减振塔塔顶平衡拉杆

俗称：前顶巴。

位置：设计安装于前减振塔塔顶上。

功能：主要作用在于提高车身刚性结构，改善车辆在弯道行驶中的稳定性和平衡性。它连接两个减振器，使两边的力保持一致。能使车辆在高速行驶中急转弯或避让时保持车身稳定，不至于侧倾乃至翻车，大大提高了行车安全性。此外平衡杆还有抑制车身变形的功能。

3.4.2.3　车架（井字架）底盘增强平衡拉杆（图3-4-5）

图 3-4-5　车架（井字架）底盘增强平衡拉杆

俗称：前下底架。

位置：设计安装于后下左右摇臂的连接处。

功能：主要作用是拉紧左右摇臂，加强左右摇臂与后桥的连接强度，增强汽车过弯的稳定性。

3.4.2.4 纵杆（图3-4-6）

图3-4-6 纵杆

俗称：中下底架。

位置：设计安装于前下左右摇臂的连接处。

功能：主要作用是拉紧左右摇臂，加强左右摇臂与前桥的连接强度，增强汽车过弯的稳定性。

3.4.2.5 前底横梁平衡拉杆（图3-4-7）

图3-4-7 前底横梁平衡拉杆

俗称：前下底拉杆。

位置：设计安装于前下左右摇臂的连接处。

功能：主要作用是拉紧左右摇臂，加强左右摇臂与前桥的连接强度，增强汽车过弯的稳定性。

3.4.3 施工与质检

（1）施工前准备

❶ 询问工作人员需要注意的事项。

❷ 准备好所需要的工具。

❸ 产品件以及产品质量问题、包装是否损坏等问题的检查。

❹ 查看待安装的车辆（图 3-4-8）。

❺ 与车主之间的沟通和交流，安装前试乘试驾和安装后试乘试驾的反馈。

❻ 相关资料的登记。

❼ 用举升机升起车辆并确保安全的情况下进行安装。

图 3-4-8　待安装车辆

（2）所需工具

❶ 拆卸工具总成（图 3-4-9）。

图 3-4-9　拆卸工具总成

视频精讲

❷ 波箱顶（液压顶）。

❸ 螺栓分类箱。

（3）拆装过程

❶ 拆卸前车架主螺栓和方向机螺栓半卸车架，预留出适当的空隙。

❷ 拆卸防倾杆连接杆连接处的螺母和铁码螺栓。

❸ 拆卸下防倾杆并用狮特防倾杆进行替换安装，检查安装后防倾杆是否有异响、异样等情况。

❹ 安装车架并检查是否安装到位、齐全。

❺ 安装前下底拉杆、换装前下底架和安装中下底架（图3-4-10）。

图3-4-10　安装防倾杆

❻ 拆卸后车架和后防倾杆并用狮特后防倾杆替换（图3-4-11），检查安装后防倾杆是否有异响、异样等情况。

图3-4-11　安装后防倾杆

❼ 放下车辆，打开引擎盖。

❽ 拆卸前减振器螺母，安装上顶吧脚座预紧，安装杆身并上紧交接处螺栓，上紧脚座螺母（图3-4-12）。

图3-4-12　安装发动机舱防倾杆

❾ 安装后顶（图3-4-13）。

图3-4-13　安装后顶

（4）安全检查

❶ 每件产品安装后都要进行检查，如有问题则反馈给技术人员进行解答。
❷ 确保拆卸的每一个步骤的准确性。
❸ 进行小距离动车检查。
❹ 进行长距离动车检查。

在此过程必须进行的项目如下。

转弯测试：确保每一件底盘件安装没问题。

减速带多次通过测试：确保防倾杆拆装过程无问题。

颠簸路段测试：留意期间有无异响或者剐蹭等情况。

刹车测试：确保有安装刹车总泵的车辆刹车总泵的安装情况良好。

> 客户真实反馈：
> 车辆过弯很有信心，减振韧性也提升了。这次加装底盘加强件，感觉车辆整体刚性变强，主要体现在高速切线和匝道过弯的时候，路感明显清晰了（就是路况反馈很清晰，但舒适型偏好部分人可能不喜欢，因人而异）。

3.5　排气系统

视频精讲

3.5.1　如何合理选择汽车排气系统

如果问现代社会最流行的改装件是什么？那么汽车的进排气无疑是名列前茅！对于追求速度与激情的改装爱好者来说，听到爱车的轰鸣声可以瞬间让人的血液流动加快、血管膨胀。

对于相当一部分车主来说，他们所关心的通常是爱车的外观是否完整，声音是否震撼人心，很少会对汽车的排气系统进行深入研究，如果要研究，恐怕就是排气的尾嘴了。毕竟汽车的排气在外观上很难看出里面的结构，同时很多人会认为，排气管只要不堵塞就是工作正常。但是，真的是这样吗？你知道汽车排气系统改装有改装头段和中尾段的区别吗？

什么是排气头段？排气头段其实一开始是应对环保时代而生的产物，厂商为了解决环保问题，首先让废气在出引擎时污染值就降低，因此供油、点火与进气各方面必须配合精准。为了控制这个精准度，必须要在催化剂前后各设置一个含氧感知器，用来监测空燃比；同时，还需要一个后氧传感器，用来检测残氧的变化量，最后根据催化剂所消耗氧气量来估算是否要增减供油和进气量，所以说三元头段在改装排气管中属于重要的一个环节。

排气的中尾段改装通常包括中鼓、尾鼓和尾管，这是改得最多的部分，通常是为了声浪和回压这两个重要的概念。声浪大家都懂，那什么是回压？当排气口径缩小，前一波废气会在尾部聚集产生压力，当它们排出后，这个压力会变成负压，将下一波废气"吸出来"，这种现象称为回压。

中鼓主要影响回压的大小。不过在改装界，一般偏向高速性能，改装件都会适当减小原厂回压，因此中鼓通常比原厂件短粗。街跑和赛车甚至根本不安装中鼓。

尾鼓的花样比较多，国内习惯按形状分为直筒、G鼓、S鼓等。而国外仅按照最终效果分为直排鼓和回压鼓。

直排尾鼓（直筒）不适宜装在小排量车上，其低转速扭力差，噪声大，是专门为高转速性能表现设计的，一般为街跑和赛车所使用。

如果只是追求汽车的美观和声浪效果，更换中尾段或者仅换尾鼓即可，只需注意汽车的改装回压与原厂不能相差太大，但是对于真正看中汽车动力方面的排气改装来说，排气头段的改装效果会大于只改中尾段的效果，这个要涉及很多方面，可见选择一个好的头段是至关重要的，影响着汽车性能，牵一发而动全身。

3.5.2　安装更换头段、中尾段的操作过程

以宝马G28 B48 325Li为例来了解安装更换头段、中尾段的整个过程。

3.5.2.1　施工前准备及所需工具

⚠️ **警告：**

高温表面，有烫伤危险，当部件冷却时才可进行拆卸工作。

> **注意：** 排气管属于大重量部件，注意重心，防止坠落。

> **提示：** 拆装三元头段时存在损坏调控用的氧传感器的危险。

所需工具：中飞棘轮扳手、小飞棘轮扳手、8号套筒、13号套筒、E8套筒、中飞加长杆、22号开口扳手。

3.5.2.2 施工过程

❶ 打开机盖面对发动机，拆卸发动机装饰盖（图3-5-1），取下缓冲垫。

❷ 找到图3-5-2中箭头所示的部分即为三元头段的前后氧传感器，拔出插接器。

图3-5-1 拆卸发动机装饰盖

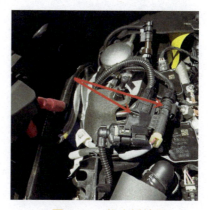

图3-5-2 拔出插接器

> **注意：** 在拆卸过程中意外搭铁会造成氧传感器损坏。

❸ 使用13号套筒松开并解除夹箍螺栓（图3-5-3中箭头），取下夹箍。

❹ 将氧传感器的线束固定夹扣松开（图3-5-4中箭头），此时已完成发动机上半部分的拆卸工作。

图 3-5-3 拆卸夹箍

图 3-5-4 松开固定夹扣

❺ 举升车辆，即可看见整个底盘的结构（图 3-5-5），使用棘轮扳手搭配 8 号套筒拆卸前护板（图 3-5-6）。

图 3-5-5 底盘结构

图 3-5-6 拆卸前护板

❻ 使用 13 号套筒松开夹箍（图 3-5-7）。

❼ 在底盘中找到图 3-5-8 所示的部分，使用 13 号套筒松开并解除图中所示的螺栓。

❽ 在底盘中找到中间护板部分（图 3-5-9），使用 E8 套筒松开并解除 8 颗螺栓，拆下底盘中间护板，此时需要 1 人或支架将前部排气管部分拖住，避免脱落造成人员受伤。

❾ 在底盘中后部的排气管处找到 1 号吊钩支架，使用棘轮扳手配合加长杆和 13 号套筒松开并取下螺栓（图 3-5-10 中箭头）。

图 3-5-7 松开夹箍

图 3-5-8 拆卸螺栓

图 3-5-9 拆卸横杆

图 3-5-10 拆卸排气管 1 号吊钩支架

⑩ 拆卸排气管2号吊钩支架，使用13号套筒拆卸图3-5-11中箭头所示的螺母，此时需要2人以上完成协助工作，避免脱落造成人员受伤。

图3-5-11　拆卸排气管2号吊钩支架

⑪ 拆卸排气管3号吊钩支架，使用13号套筒拆卸图3-5-12中箭头所示的螺母，此时整个中尾段排气管的螺栓部分均已完成拆卸，将整条排气管卸下即完成中尾段的拆卸工作。

图3-5-12　拆卸排气管3号吊钩支架

⑫ 在中尾段拆除以后，从底盘下部即可看见图3-5-13中箭头所示部分，使用13号套筒拆卸2颗螺母，然后转动整个三元催化器，即可拆卸。注意拆卸期间不要大力碰撞周围的护板和变速箱，三元催化器的核心部分为陶瓷制品，属于易碎品。

图 3-5-13　拆卸图中所示螺栓

⑬ 如图 3-5-14 所示左侧为原车的排气管，右侧为改装型排气管全段，将图中 3 个箭头所示的排气管吊钩拆卸并更换到需要安装的排气管上。

图 3-5-14　原车与改装排气管对比

⑭ 如图 3-5-15 所示使用 22 号开口扳手将前后氧传感器拆卸并更换到新的三元头段上。

图 3-5-15　安装氧传感器

⑮ 如图 3-5-16 所示,将前后氧传感器安装在新的三元催化头段上,紧固至 50N·m。此时可以将头段排气管按照拆卸的顺序安装至车上。

图 3-5-16　紧固氧传感器

3.5.2.3　质检

当头段和中尾段依次安装结束后,需要对以下步骤做严格的检查,避免车辆在行驶过程中发生故障和危险。

❶ 如图 3-5-17 中箭头所示:首先需要检查的是头段与涡轮接口的夹箍安装是否正确,涡轮和头段的接口是否在夹箍的 V 形槽内,然后检查涡轮口与头段接口的夹箍螺丝是否锁紧,拧紧扭矩为 20N·m。

图 3-5-17　紧固螺栓

❷ 检查前后氧传感器的线束是否卡在专用的挂钩内,防止高温损坏传感器

线束,如线束与排气歧管距离太近,即为不合格,有安全隐患,必须重新排放线束。

❸ 检查中尾段接口与头段接口是否完全嵌入并在夹箍的作用范围内,检查螺栓是否拧紧。

❹ 如图 3-5-18 中的箭头所示:检查尾段排气管的吊钩螺栓是否拧紧,吊胶是否完全套在挂钩上,防止行驶过程中颠簸脱落,造成危险(图 3-5-18)。

图 3-5-18　检查螺栓是否紧固

❺ 如图 3-5-19 所示,检查箭头指示的螺栓是否拧紧,避免行驶过程中排气管中尾段衔接处漏气。

图 3-5-19　检查螺栓是否紧固

❻ 按照拆的顺序,依次安装图 3-5-20 所示的护板螺栓,紧固后再次检查,并降下举升机。

❼ 如图 3-5-21 所示,将前后氧传感器按照公母插头的形状及线束颜色进行比较,并插好两个插头。

❽ 按照拆卸的顺序装回固定支架(图 3-5-22)。

图 3-5-20　安装护板

图 3-5-21　连接插头

图 3-5-22　安装固定支架

❾ 安装发动机装饰盖。

视频精讲

第 4 章 汽车发动机改装

4.1 进气系统

4.1.1 改装碳纤维进气套件

4.1.1.1 施工前准备及所需工具

（1）施工前准备

❶ 打开发动机盖，确保支撑杆稳固支撑发动机盖。
❷ 找到原车风箱所在的位置（图 4-1-1）；
❸ 找到风箱的固定孔位和固定螺栓位置。

（2）所需工具

❶ 常用工具套装。
❷ 干净的毛巾，用于擦拭进气管道连接口灰尘。
❸ 准备好涡流进气升级套件（图 4-1-2）。

视频精讲

4.1.1.2 施工过程

❶ 找到原车风箱固定孔位，使用螺丝刀在风箱固定位置拆卸进气管（图 4-1-3）；

图 4-1-1　找到原车风箱

图 4-1-2　高流量进气格套装

图 4-1-3　拆卸进气管

❷ 拆卸进气温度传感器（图 4-1-4）。
❸ 把原车整个风箱拆除，从发动机舱中取出。
❹ 使用干净的抹布把风箱连接孔位擦拭干净，避免灰尘进入。
❺ 把涡流进气套件按照原车风箱的位置对接发动机进气管道，使用专用耐高温胶套固定（图 4-1-5）。

第 4 章 汽车发动机改装

图 4-1-4　拆卸进气温度传感器

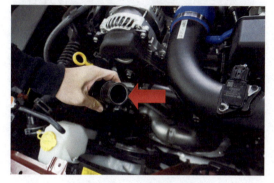

图 4-1-5　专用耐高温胶套

❻ 调整涡流进气管道和进气头部的位置（图 4-1-6），避免触碰其他发动机部件，然后使用螺丝刀把耐高温胶套与进气管道连接紧密，再把固定用的配件安装好，用于固定进气头部的位置（图 4-1-7）。

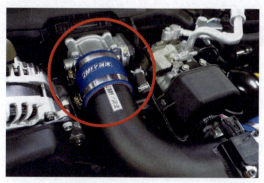

图 4-1-6　调整涡流进气管道和进气头部的位置

❼ 把原车的空气流量传感器安装到进气管壁上的专用接口，同时对接好真空管和废气管孔位（图 4-1-8）。

图 4-1-7　固定进气头部的位置

视频精讲

图 4-1-8　连接真空管和废气管孔位

4.1.1.3　质检

❶ 检查涡流进气套件是否安装牢固（图 4-1-9），避免发动机舱内发生磕碰。

图 4-1-9　检查涡流进气套件是否安装牢固

❷ 检查密封胶圈是否安装牢固（图 4-1-10），避免空气泄漏。

第 4 章 汽车发动机改装

图 4-1-10　检查密封胶圈是否安装牢固

❸ 启动发动机，检查进气管道是否有漏气、是否有异响（图 4-1-11）。
❹ 确认没问题后，交车。

图 4-1-11　检查进气管道是否有漏气、是否有异响

视频精讲

4.1.2　改装高流量风格

4.1.2.1　如何选择合适的高流量风格

风格也称为发动机空气滤芯，是空气进入发动机的第一个屏障，风格起到从源头保护发动机的作用，一款高质量的风格除了可以达到更好的发动机保护效果外，还可以让进气更加流畅，有助于发动机做功效率提升。

选择风格时尽可能选择高流量和强过滤产品；高流量的风格可以让发动机进气更加充足，让发动机燃烧更加充分，同时可以大大增加油门响应速度，风格更换安装相对于其他部件比较简单，通常在发动机舱顶部位置可自行手动安装。

4.1.2.2　施工前准备及所需工具

（1）施工前准备

❶ 车辆停放于平面。
❷ 打开发动机舱，找到原车风箱位置（图 4-1-12）。

103

图 4-1-12 找到原车风箱位置

(2) 所需工具

❶ 准备一片高性能流量风格。

❷ 拆装使用的螺丝刀（部分车型可手动拆除）。

❸ 干净的毛巾，用于擦拭风箱边缘灰尘。

4.1.2.3 施工过程

❶ 拆下空气滤清器外壳（图 4-1-13）。

❷ 取出空气滤清器（图 4-1-14）。

图 4-1-13 拆下空气滤清器外壳

图 4-1-14 取出空气滤清器

❸ 使用干净的抹布清理风格周边的灰尘，预防掉落进风管。

❹ 按照风箱周边规格合理安装高流量风格（图 4-1-15）。

视频精讲

图 4-1-15 安装高流量风格

安装空气滤清器外壳（图 4-1-16）。

4.1.2.4 质检

❶ 检查原车风箱盖安装之后有没有出现缝隙（图 4-1-17），螺栓是否上紧。

图 4-1-16　安装空气滤清器外壳

图 4-1-17　检查原车风箱盖安装之后有没有出现缝隙

❷ 启动车辆，检测进气套件是否正常运作。

4.2　点火系统

点火系统由蓄电池、火花塞、点火线圈、点火开关、点火控制器、分线器等组成。其作用是按发动机气缸次序点燃被压缩的混合气，使发动机做功。改装点火系统的目的是减少充磁时间、提高二次电压、降低跳火电压、延长火花时间、降低传输损耗。

4.2.1　蓄电池的改装

4.2.1.1　如何合理选择蓄电池

汽车启动电池的作用：将蓄电池的电能转化为机械能，带动发动机飞轮齿圈使曲轴转动，完成发动机的起动过程。

在汽车上，蓄电池与交流发电机并联，并向所有用电设备供电。发电机是主电源，蓄电池是辅助电源。

目前，市面上的汽车启动电池主要为铅酸蓄电池。随着汽车工业的快速发展，出现一种新的电池——磷酸铁锂电池。磷酸铁锂电池是以磷酸铁锂为正极材料的电池，属于我们常说的"锂电池"的一种，其主要优势如下。

（1）安全

其热失控温度在500℃以上，优异的抗冲击及抗爆性能已获得军方认可，已纳入全域作战列装装备。

（2）性能优异

其电压输出值在点火等瞬间高负荷情况下，均能稳定地保持在12.8V以上，对整车用电器及点火系统有极好的保护作用；得益于其稳定的电压输出，使得点火效率提高，汽车获得更大的扭矩及功率，同时也能为车载音响系统提供更优质的电源系统。

（3）轻量化

磷酸铁锂电池的能量密度较传统铅酸蓄电池高3倍以上，意味着同型号的磷酸铁锂电池比传统铅酸蓄电池重量减轻2/3以上。

（4）绿色环保

铅酸蓄电池对环境的严重污染人尽皆知，其含有大量的可致畸重金属铅，处理不慎将对我们生存的环境带来极大的危害。但是磷酸铁锂电池不含任何重金属与有害元素，无毒、无污染，符合欧洲RoHS规定，为绝对绿色环保电池。

（5）寿命长

磷酸铁锂电池的DOD循环充放次数在2000次以上。在实际使用环境中，其寿命为同型号传统铅酸蓄电池的3倍以上。

4.2.1.2 施工前准备及所需工具

（1）施工前准备

❶ 查询并确认车辆对应的电池型号（图4-2-1）。

图4-2-1 查询并确认车辆对应的电池型号

❷ 准备一个外置备用电池以及一对搭电线组。现代车辆行车电脑中储存车辆信息和记录车主使用数据，因此不建议断电更换电池，避免行车电脑数据的丢失（图4-2-2）。

（2）所需工具

对应安装电池型号所需的扳手和套筒（图4-2-3）。

图4-2-2 连接备用电池

图4-2-3 工具

4.2.1.3 施工过程及质检

（1）施工过程

拆卸原车的旧蓄电池。首先拆卸蓄电池负极连线，然后用绝缘材质包裹负极，以避免产生误触短路，再拆卸蓄电池正极，同样用绝缘材料包裹；用合适的套筒拆卸蓄电池固定支架，取出旧蓄电池。

安装新蓄电池。将新蓄电池轻轻放进固定的电池仓位，先装正极，用相对应扳手和套筒锁定电池连线的螺栓，以固定电池头与连线，使其不产生空隙和晃动；以此类推，装上电瓶负极；最后装配蓄电池固定支架（因车型各异，因此支架的装配存在多种形式）。

（2）质检

启动车辆，检查蓄电池的启动响应，并进行测试驾驶，以检视车内外用电设备是否正常，行车电脑数据保存状态。

4.2.2 火花塞的改装

4.2.2.1 如何合理选择火花塞

（1）材质

火花塞按材质可分为镍合金火花塞、铂金火花塞和铱金火花塞。

建议更换周期（寿命）：铂金7万～9万千米，铱金4万～6万千米，镍合金 1.5 万～2 万千米。

点火性能：铱金＞铂金＞镍合金（铱金火花塞的熔点最高，性能最好，中心电极直径很小，为 0.4～0.6mm。中心电极越细，点火所需电压越低，释放的火花强度越大，尖端放电性能发挥的越好）

铱金：适合动力性能需求较高的驾驶员，燃油经济性最好，价格为铂金火花塞的 2～3 倍镍合金火花塞可分为单级和多级，多级火花塞只是逐级点火，仅能延长火花塞寿命，并不能提高点火强度

（2）结构

从电极形式上看，火花塞包括无极、单极、双极、三极、四极等，两极以上的为多极火花塞。

原厂火花塞大多为单极，这种火花塞中心电极和侧电极之间的间隙对其性能有一定的影响。在点火线圈不变的情况下，火花塞电极之间的间隙越大，电极之间的空气就越不容易被击穿，但一旦击穿，产生的电弧能量会更大。在冬季气温低的时候，气缸内的空气流速慢，电极之间的空气比较容易被击穿，所以产生的电弧适合发动机低转速扭矩输出。但较大的间隙在高速时会遇到麻烦，因为高速时气缸内的混合气流流速快，电极之间的空气被击穿，产生电弧的概率会降低，这种没有成功产生电弧的概率被称为失火率。间隙较大的火花塞失火率较高，从而会影响发动及高速动力输出；反之，较小的电极间隙，性能恰好相反，低速时点火能量相对较小，但高速时失火率低。

多级火花塞则通过在增加侧电极的同时增加电极之间的相对面积，因此可减小中心电极与侧电极之间的间隙。这样一来，低速时有多个侧电极，产生的点火能量可满足低速时的点火需求；高速时，间隙变小，失火率降低，可满足高速时的点火需求。

（3）热值

火花塞的热值可分为冷型和热型两种。

❶ 冷型：外部绝缘体短，导热效率高，使点火延后，适用于高转速及高压缩比发动机。

❷ 热型：外部绝缘体长，导热效率低，价格低，适用于普通性能及压缩比低的发动机。

更换火花塞时，需要根据原厂火花塞的工作温度选择合适的火花塞。如果与原厂热值不匹配，会造成火花塞工作温度过高或者过低。过高：可燃气体进入燃烧室时会被过热的火花塞点燃，形成过早点火。过低：火花塞绝缘体容易被燃烧不完全的沉积物污染，使绝缘体表面的绝缘电阻降低，减弱点火火花的能量，严重时会出现缺火现象。

需要强调的是，火花塞热值越大，越趋向冷型；热值越小，越趋向热型。建议采用与原厂火花塞热值相同的火花塞进行改装升级。

火花塞分三种档次：普通镍合金火花塞（分单极和多极）；铂金火花塞；铱金火花塞。

火花塞改装主要有以下几种情况。

❶ 换用贵金属电极材料的火花塞（普通火花塞换铂金火花塞或铱金火花塞，乃至最近新面世的钌金火花塞）（图4-2-4）。

图 4-2-4　火花塞

❷ 换用多极火花塞。

❸ 选用合适热值的火花塞。

4.2.2.2　施工作业

（1）施工前准备

首先选取合适车辆热值和型号的火花塞。用专用风枪清理发动机表面的灰尘，以避免灰尘落入发动机缸体内；接着拆卸点火线圈，并检查点火线圈表面有没有破损或油渍污染，以确认旧火花塞的工作环境。

（2）所需工具

专用火花塞套筒以及磁铁棒。

（3）施工过程

❶ 拆卸旧的火花塞。用专用尺寸的套筒旋转火花塞，使其脱离座体，然后用磁铁棒吸附，移出旧的火花塞。

❷ 装配新的火花塞。用磁铁棒吸附新的火花塞，缓慢放入缸体，并对准底座卡槽；然后用螺丝刀把火花塞和磁铁棒分离；最后用合适的套筒，按照规定的扭矩锁紧火花塞，使其进入底座。

（4）质检

启动车辆并进行试驾，检测汽车点火工作的状态，及时发现问题。然后观察旧火花塞的燃烧状态，以及有没有漏电、机油污染等状况，以便及时排查车辆其他的故障原因。

4.2.3 点火线圈的改装

4.2.3.1 如何合理选择点火线圈

在汽车发动机点火系统中,点火线圈是为点燃发动机气缸内的空气和燃油混合物提供点火能量的执行部件。可以认为点火线圈是一种特殊的脉冲变压器,它将 10~20V 的电压转换成 25000V 或更高的电压。改装点火线圈主要包括以下两个方面。

(1) 改用高能点火线圈

主流为电磁感应线圈,分以下两种。

❶ 开磁路油浸式点火线圈(缺点:开磁路结构漏磁通较大,转换效率低;绝缘硅油会挥发、溢出,造成绝缘下降,易击穿;体积较大)。

❷ 闭磁路固体式点火线圈(优点:闭磁路结构,磁力线集中,能量转换效率高;耐压绝缘性好,散热性好,产品可靠性高;体积较小,适应汽车空间的需要)。

(2) 改用电容放电点火系统

主流为电磁感应线圈放电系统,其原理是以一定的电流向线圈充电,形成高压电后在分电器触点接通的瞬间击穿相应气缸内火花塞电极之间的气体,产生火花。这种设计的缺点是储存电能需要一段较长的时间,在高转速时系统会因为充电时间不足而致使火花能量变弱,令车辆损失动力。

电容点火系统利用每次的点火间隔将点火能量储存在电容器的电场中,点火时一次性释放。所以改装电容放电点火系统能产生此传统点火系统更大的点火能量和更长的点火持续时间。电容放电点火系统包括一个与点火绕圈的初级绕组相连的电荷储存装置,该点火线圈有与点火系统相连的次级绕组,还有一个用来使电荷储存装置放电的开关装置,以便为初级绕组提供初级电流,使点火装置产生火花。开关装置在电荷储存装置完全放电时,切断初级电路中的初级电流,在初级绕组中感应出一个反向电动势,再次产生火花,从而增加整个点火持续时间。此系统中还设有调整电荷储存装置放电率的装置,以先获得一个产生火花的第一放电速率,然后再获得一个低的放电速率,维持该火花,从而增加总的点火持续时间(图 4-2-5)。

4.2.3.2 施工作业

(1) 施工前准备

首先打开汽车前舱盖,拆下发动机的塑料护罩,就可以看到露出的点火线圈。

图 4-2-5　高性能点火线圈

（2）所需工具

常规拆装工具。

（3）施工过程

首先用专用去尘风枪吹走点火线圈上以及周边的灰尘。然后依次拔掉每个点火线圈上的线槽，按住线圈上的固定卡扣，线圈就可以拔出来（图 4-2-6）。最后，把新升级的线圈对准卡槽安装便完成。

图 4-2-6　拆卸原车点火线圈

安装高性能点火线圈如图 4-2-7 所示。

图 4-2-7　安装高性能点火线圈

（4）质检

检查线圈装配位置和确认卡槽是否上紧，然后启动车辆进行路试。

4.3　行车电脑

汽车 ECU，又称为"汽车电脑""行车电脑""车载电脑"，ECU 负责控制发动机的运转（ECU 通过监控进气量、喷油量、点火时间等参数，从而决定发动机的输出功率和转矩）。当发动机在各个转速、挡位、温度等条件下运行时，ECU 中的数据库会有相应的程序对进气量、喷油量、点火时间等信息进行调整。

考虑到各个国家的燃油品质、气候条件、环保法规等差异，ECU 的程序参数必须满足各地区使用条件，因此原车 ECU 所设定的动力输出范围相对来说都会比较保守。

另外就是市场方面的因素，汽车厂家为了控制生产成本和维护成本，同一型号的发动机就有了不同的动力输出调校，分别应用到不同级别和配置的车型上，这就为汽车电脑升级提供了空间。

自然进气发动机可以提升 5%～15% 的转矩，转矩最佳点比原厂设定提前响应，因此即便是自然进气的车型在数据上来看提升范围不是很大，但对车辆的整体输出与换挡顿挫是有改善的。

涡轮增压发动机可以增加 30% 或者更大的转矩。更早地让涡轮介入，从而使转矩更早地发挥作用，最大转矩输出曲线变得更宽，响应更快，因此也会使汽车相对原车更加省油。

4.3.1　如何合理选择行车电脑

（1）直刷ECU汽车电脑

直刷 ECU 汽车电脑就是通过对原厂 ECU 数据库的程序进行导出并重新编写，从而达到提升功率和转矩的目的，其中包含了对点火提前角、喷油量、喷油时长、可燃混合气的浓度等一些数据的改写和程序逻辑的调校。

直刷 ECU 的特点：直刷 ECU 是对 ECU 的优化升级，有助于更加全面地发挥车辆的性能，大幅度提升动力，还能破解限速，或者相应的一些特别调校。缺点是刷写后恢复原厂 ECU 数据比较麻烦，还会影响车辆保修，售后难以保证。

（2）外挂汽车电脑

外挂汽车电脑就是一个用于对汽车传感器信号进行修改优化的改装电脑晶片，其核心技术就是电脑里面内置的信号处理软件，简单理解就是信号的放大。

外挂汽车电脑连接在汽车传感器上（通常是进气歧管压力传感器和涡轮增压压力传感器），通过收集传感器信号的数据流进行分析处理，再把优化过后的信号反馈给原车 ECU，以此达到在各个工况下对原厂设定的点火正时、喷油量、增压值等参数进行优化修正，从而达到优化发动机效率和提升动力的目的。外挂电脑只是修改传感器信号，是建立在原厂 ECU 的诊断和保护系统下，安全高效地提升功率和转矩。

外挂电脑通过修改传感器信号的参数来提升动力，其优点是比刷 ECU 简单安全，并且价格便宜，如果说在动力升级产品里既有效果又极具性价比，那一定是外挂电脑。缺点是因为修改的参数有限，效果方面没有直刷 ECU 的动力提升幅度大。

外挂电脑不会直接修改原车的数据，介入原厂程序少，更不会覆盖原厂程序的保护机制。加上现在大多数的外挂品牌都属于无损安装，不用的时候随时可以拆下来恢复原厂形态，不会影响汽车在 4s 店的保修。

有两种简易的外挂电脑的安装：一种是直插 OBD 接口；另一种是连接进气管道和进气歧管。

以下介绍连接进气管道和进气歧管。

4.3.2 施工与质检

（1）施工前准备

一个连接进气管道和进气歧管的外挂电脑（图 4-3-1）。

（2）施工准备

相对应车辆拆卸进气歧管和进气管道的螺丝刀。

图 4-3-1　外挂电脑

（3）施工过程

外挂电脑共 4 条线，每 2 条线为一组。拆卸覆盖在进气歧管上的零件，外挂电脑连接进气歧管传感器上的公母插口传感器；同样，另一组线连接进气管道的传感器。最后安装回原来拆除的零部件，外挂电脑即安装完毕（图 4-3-2）。

图 4-3-2　连接外挂电脑插接器

（4）质检

由于外挂电脑需要通过学习过程才能得到适配，因此应注意设计外挂电脑的安装位使其结实可靠，尽量避免造成损坏，若在发动机舱内，需要注意远离直接热源位置，以免造成硬件损坏。

4.4　加装外挂电脑

4.4.1　如何选择合适的外挂电脑模块

外挂电脑属于电子改装升级产品，主要作用是连接原车电脑，通过优化原车电脑进行车辆性能的激活，电子油门等设备会影响发动机气门运作和增加喷油量，长期使用有可能导致车辆故障灯亮起甚至发动机损耗，因此我们应当选择以优化为主要目的的外挂电脑模块设备；原车出厂时候其性能数据是比较保守的，外挂电脑模块恰好可以达到从原车电脑源头激活汽车性能，加装外挂电脑之后汽车的发动机做功会更加积极，搭配变速箱运行更加流畅，发动机和变速箱更加密切配合工作，提高汽车动力输出，油门响应更加灵敏，同时可以达到减少变速箱在升挡和降挡时产生的挫顿感，燃油经济性也得到了提升。

4.4.2　施工与质检

（1）施工前准备

❶ 确保车辆熄火断电（图 4-4-1）。

❷ 找到原车 OBD 接口（通常位于主驾驶方向盘下方）。

❸ 检查 OBD 接口是否有损坏，线路是否有破损，确保可以连接正常（图 4-4-2）。

图 4-4-1　车辆熄火断电

图 4-4-2　检查 OBD 接口是否出现受损

（2）所需工具

❶ 外挂模块升级部件（图 4-4-3）。
❷ 固定使用的 3M 黏合胶（图 4-4-4）。

图 4-4-3　外挂模块升级部件

图 4-4-4　3M 黏合胶

（3）施工过程

❶ 确保车辆熄火断电，连接外挂的 OBD（图 4-4-5）。
❷ OBD 接口对接上之后外挂模块的调试灯会发亮（图 4-4-6）。

图 4-4-5　连接外挂的 OBD

图 4-4-6　OBD 接口对接上之后外挂模块的调试灯会发亮

❸ 先把车辆调到通电，通过外挂主机的按键进行程序调试，按住按键 5～10s 即可（图 4-4-7 和图 4-4-8）。

图 4-4-7　按住按键 5～10s

图 4-4-8　调试完成

❹ 使发动机怠速 3min（此操作是让外挂和发动机配对）（图 4-4-9）。

❺ 使用 3M 黏合胶把外挂模块固定在驾驶室（图 4-4-10），保证行车中不会移动影响安全。

图 4-4-9　使发动机怠速 3min

图 4-4-10　固定外挂模块

❻ 安装好之后体验一下动力部分，动力会明显提升，油门响应会更加灵敏，换挡顿挫感明显减少。

（4）质检

❶ 检查 OBD 接口是否连接好，外挂模块是否已经固定好。

❷ 试车，检查车辆动力性能，检查仪表盘上故障灯是否点亮，确保外挂电脑已经完全安装好。

视频精讲

第 5 章
汽车电气改装

5.1 改装汽车车载导航

5.1.1 如何合理选择车载导航

视频精讲

（1）选购车载导航首先要看导航地图

导航地图是整个产品的核心，车载导航好用与否，地图是关键。提醒车主在选购车载导航的时候，最好买品牌产品，而且是能够自行升级导航地图的名品，这样不仅可以避免车载导航不工作，还可以自动升级地图，避免二次购买。

（2）看产品的搜索卫星速度

一般而言，GPS 的搜索卫星速度在几十秒，搜索卫星速度的快慢与 GPS 导航仪产品好坏有关，即受产品性能、天线以及导航软件算法控制，好的车载导航，搜索卫星速度会很快，输入要找的信息，车载导航能够很快地呈现。

（3）识别产品好坏

还要听听语音播放，一般声音比较清晰、不失真的产品为正品货；反之"水货"居多,提醒大家在检测产品的时候,还要看 GPS 的播放内容是否准确。

（4）注意屏幕：以在阳光和阴暗状态下看清屏幕为准

选购车载导航第一重要的就是使用的屏幕,因为在使用过程中会遇到太阳直晒的晴天,也可能会在隧道这种阴暗的路况下使用,车载导航的屏幕如果质量很差甚至会影响驾驶安全。一般车载导航的屏幕都会用镜面设计,如果在太阳直晒的情况下,镜面材质遇强光反射较为明显,会影响显示效果。

（5）注意屏幕尺寸：以能看清楚屏幕的字体为准

很多车主在选购车载导航的时候都会不由自主地选择大尺寸的产品,其实选择一款合适大小的尺寸才是最重要的,一味追求大尺寸不可取。如果您习惯车载导航距离您近一些,那么选择小尺寸的（5in 为宜）即可；如果选择车载导航距离您远一些,那么可以选择大尺寸的（6~7in 为宜）（图 5-1-1）。

图 5-1-1 选择合适的车载导航

5.1.2 施工与质检

（1）施工前准备

清点设备,分别排列好线路,检查插口接头是否完好,屏幕有无划伤。

（2）所需工具

内饰拆除工具组套,塑料翘片。

（3）施工过程

❶ 松开中控面板螺栓。

❷ 拆开中控面板饰板。

❸ 拆除原车中控面板（图 5-1-2），拆卸多媒体主机（图 5-1-3）。

图 5-1-2　拆卸原车中控面板

图 5-1-3　拆卸多媒体主机

❹ 整理新导航主机的 GPS 天线（图 5-1-4）。

图 5-1-4　整理新导航主机的 GPS 天线

❺ 隐藏 GPS 天线（图 5-1-5）。

汽车改装技能速成

图 5-1-5　隐藏 GPS 天线

❻ 检查连接主机的信号线插头、电源线插头。
❼ 连接新导航主机的信号线插头、ACC 电源插头、GPS 天线（图 5-1-6）。

(a) 导航主机的信号线插头

(b) ACC 电源插头

(c) GPS天线插头

图 5-1-6　连接新导航主机的信号线插头、ACC 电源插头、GPS 天线

❽ 车辆通电，检查新的导航主机是否正常工作。

❾ 启动导航并在周边行驶一圈，检查导航坐标是否出现偏移以及 GPS 定位是否连通（图 5-1-7）。

图 5-1-7　检查导航坐标是否出现偏移以及 GPS 定位是否连通

❿ 路试完毕，没有问题后复原车辆

（4）质检

❶ 检查屏幕是否出现坏点现象。

❷ 检查 GPS 是否工作正常，导航是否可以使用。

❸ 安装后内饰是否有损坏。

视频精讲

5.2 车窗改装一键升降功能

5.2.1 如何合理选择一键升窗

（1）选择拥有原车协议的一键升窗器

普通一键升窗器外加电流到升降电机，强制升窗 8s。车窗到顶后仍继续给电机通电，容易烧坏电机。特别是本身车窗玻璃已经是关闭状态时，锁车仍然会强制通电 8s。而拥有原车协议的一键升窗器通过 LIN 总线协议控制，车窗到顶能即时检测到，并停止上升，不伤害升降电机。

（2）选择兼容性高的一键升窗器

部分一键升窗器只能装自动挡的互联网版和智联网版，手动挡车型、旗舰版车型都不兼容。

（3）选择功能多的一键升窗器

部分一键升窗器只有基本的升窗、降窗、关天窗等功能，没有原厂数据协议，实现不了更多功能。

目前市场上有部分产品，除了基本的升窗、降窗、关天窗等功能外，还有倒车闪灯、开门闪灯、未锁车鸣警提示、伴我回家、迎宾功能。

（4）插头质量

市面上有部分产品采用劣质插头，插不紧，电气接触不佳，稳定性差，可能会引起原车电脑报故障码（图 5-2-1）。

图 5-2-1 升降器开关

第 5 章　汽车电气改装

5.2.2　施工与质检

（1）施工前准备

清点设备零配件，检查线材接口是否完好，设备伸缩弹簧是否正常。

（2）所需工具

内饰拆装工具组套、塑料翘片、扎带、隔音胶布。

（3）施工过程

❶ 拆开主驾驶门内侧拉手盖板。

❷ 松开内饰门板周边螺栓。

❸ 取出门板（图 5-2-2），拔下插头（图 5-2-3）。

视频精讲

图 5-2-2　取出门板

图 5-2-3　拔下插头

❹ 连接一键升窗模块的升窗车头和原车升窗插头。

❺ 用双面胶和扎带把一键升窗模块固定在内饰板内侧。

❻ 把连接的电线用隔声胶布包好（图 5-2-4），防止车辆行进中产生的震动造成异响。

图 5-2-4　把连接的电线用隔声胶布包好

❼ 关门，测试一键升窗能否正常工作。

（4）质检

❶ 检测产品是否能够正常使用以及功能有无缺失情况（图 5-2-5）。

❷ 检查安装后是否有故障码出现。

图 5-2-5　检测产品是否能够正常使用以及功能有无缺失情况

5.3 改装汽车前大灯总成

5.3.1 如何合理选择前大灯总成

不少车主在购车后会选择升级车辆的大灯，以提升照明性能，但是由于部分车型原厂大灯不配有透镜等配置，所以有时候在更换灯泡后效果也不会特别明显。也有很多车主选择了改装大灯总成，但是要把总成拆开，有可能因为密封不好导致进水或者进尘的情况。还有不少车主选择直接更换总成，这会更加省心。那么在选择大灯总成时应该注意什么呢？

（1）做工

有不少廉价的大灯总成在内部配件安装的时候装工不到位，导致在使用后期内部配件脱落，这时只能拆灯才能解决了。

（2）吻合度

部分产品其实由于开模精度不足导致吻合度偏差，安装后导致大灯剐蹭翼子板、前杠、引擎盖等部位，或者连接处缝隙过大，更严重的是完全无法安装上车，所以在选购大灯总成的时候一定要注意吻合度的问题。

（3）无损安装

市面上有的大灯总成还采用破线安装的方法，但是该方法除了麻烦之外还会引发、短路、接触不良、功能缺失等问题，严重时还会引起自燃。所以选择大灯总成时要选择原车插头直装的产品。

（4）排气孔

大灯起雾大多都是因为灯内与外界的温差较大导致的，此时科学设计的排气孔可以有效平衡大灯内外温度，有效防止起雾的现象（图 5-3-1）。

图 5-3-1　大灯效果

5.3.2 施工与质检

（1）施工前准备

检查设备线材，总成零部件是否完好；排列理清各线材接口。

（2）所需工具

常规机修工具组套。

（3）施工过程

❶ 卸下前杠包围。

❷ 拆卸原车大灯和车身大灯支架的连接螺栓（图 5-3-2）。

图 5-3-2　拆卸大灯固定螺栓

> **注意：**
>
> 　　支架螺栓皆有反牙调整衬套，作用为调节大灯安装方位，拆卸螺栓之前务必用记号笔事先做好记号，以免增加后续调整工作量。

❸ 拔下大灯插接器（图 5-3-3），取出原车大灯总成（图 5-3-4）。

图 5-3-3　拔下大灯插接器

第 5 章　汽车电气改装

图 5-3-4　取出大灯总成

❹ 取出新大灯总成，插好对应插头（图 5-3-5）。

图 5-3-5　安装新大灯

❺ 车辆通电，开启大灯，测试新大灯是否正常工作，远/近光切换是否正常，示宽灯是否正常。

❻ 检查完毕后，安装新大灯，复原前杠包围（图 5-3-6）。

图 5-3-6　安装前保险杠

❼ 关闭安装场地的灯，车辆再次通电，点亮大灯，观察各个灯泡的照射方位，经过调整，使照射方位在一条横线上，并且均匀（图 5-3-7）。

127

图 5-3-7　调整大灯光源

（4）质检

❶ 检查左右灯光高度以及左右是否标准。

❷ 检查大灯内是否存在进水、起雾现象（图 5-3-8）。

❸ 检查长时间开启大灯后，大灯以及线路是都出现异常发热（图 5-3-9）。

图 5-3-8　检查大灯内是否存在
　　　　　进水、起雾现象

图 5-3-9　检查大灯和线路是否会
　　　　　因长时间使用而发热

❹ 检查大灯周围缝隙是否正常。

❺ 检查大灯内是否有杂物。

❻ 观察升级后的视觉效果（图 5-3-10）。

图 5-3-10　升级后的视觉效果

5.4 改装汽车车载音响

5.4.1 如何合理选择车载音响

要根据自己的经济条件来定位,很多人觉得好的器材就是好的音响,比较重视主机、信号处理器(音源)、喇叭、功放、线材这些重要的部件。从采购物资角度而言,的确要重视这几样材料的品质,实际上"三分器材,七分改装",音响涉及电气、木工、涂制等环节,一般建议专业技师进行安装。改装一套汽车音响,几百元到几万元不等,一般选择2000～5000元的产品即可。

(1)确定偏好和音乐类型

❶ 注重音质的人,往往喜欢听交响乐、古典乐、人声和轻音乐,一般都重视音色纯正,要求保真度高而且还原效果好。

❷ 劲量类型的,也就是所谓的"炸机仔",喜欢摇滚和迪斯科,考虑的是音量要够大;相反音质要求不高。

❸ 影院类型的,主要考虑娱乐性,配有DVD、CD、收音、杜比、DTS等功能。

(2)器材选择

❶ 通过试听的方法来判断器材音质和音色,需要注意音响的重放声质量。

❷ 大口径、重低音喇叭,适合喜欢听大动态音乐的人使用。

❸ 功放需要与喇叭匹配,原车功放的功率比较小,一般不会超过30W,如果不换功放,只能选择功率小、灵敏度相对高的喇叭,也就是需要选择震动频率高的喇叭。

❹ 考虑到车内空间比较狭窄,所谓喇叭频率太低没有实际意义,因为频率太低人耳也听不到,一般车内能听到的最低频率在170Hz以上。

❺ 车内一般选择4in左右的喇叭就足够,能输出150Hz以上的音频。

❻ 汽车电压比较低,只有12V,所以输出的功率不会太大,36W是极限。OTL电路的功率也只有9W而已,一般在车内也不需要这么高的功率,其实0.5W就足够了,2W以上估计就会让人感到发疯了。

❼ 关键是喇叭的音质,一般4～5in就满足音质要求了。

❽ 在汽车的环境里边,功率不是问题,最好和最差的失真范围是0.1%～1%,一般人都判断不出来的。如果失真在1%内,价格会超过10万元,普通用户能用上失真5%的产品效果就已经是非常棒了,大多数人都在使

用 10% 这种失真的。

❾ 至于功放，对失真实际上要求不高，一般好点儿的喇叭就可以弥补。

（3）一些改装误区

❶ 车内音响看起来很简单，普通人要求也没有那么高的，实际上如果想要更高追求，则是非常复杂的，毕竟空间小，车辆在运动中，杂音很多，空间又个性化不一致，所以想做到 HI-FI 级别是不现实的。

❷ 对司机朋友来说，选购汽车音响一定要选择正规的来源，"路边小店"的技师大多没有经过专业安装培训，安装的汽车音响经常出现各种各样的故障，容易给行车安全带来隐患。

❸ 选购音响的时候要考虑主机的功放能力，尽量选用功放大于喇叭指示功率的。因功放小，在长期使用大功率输出时，容易烧坏，还会导致音质差、失真等故障出现。

❹ 中高档主机的性能差别不会太大，喇叭的差别就大得惊人。一个喇叭动不动就标上一个几百瓦的功率，使很多内行人也糊涂起来，所以选购的时候一定要找专业人士。

❺ 选购音响的时候要试听音质、音色效果。试听的时候最好找几个有代表性的歌曲、乐曲、打击乐等唱碟，对各种音响效果的纯真度进行鉴别，再确定是否购买。

❻ 选购音响还要根据自己的品位和经济承受能力而定，好的音响价钱也是很高的。在高档豪华轿车上一般都有较专业的高级音响，所以要根据自己的需求选择（图 5-4-1）。

视频精讲

图 5-4-1　音响

5.4.2　施工与质检

（1）施工前准备

现在市面上常见的音响改装分两大类：原厂升级，把原车低配的音响通过后续改装升级为原厂顶配的音响系统；第三方品牌音响升级，根据每辆车现有的喇叭和孔洞，设计一套音响升级方案，需要大量的破坏性拆装、箱体重做、破线，因为理论上每一辆车的车主需求、预算、车体空间限制都不一样，所以不展开赘述。

（2）所需工具

常规机修内饰拆装工具组套、电钻、美工刀、热熔胶枪、蛇胶、隔声胶布。

（3）施工过程

❶ 使用塑料翘片拆卸 4 门内饰板上锁窗按键的衬板和门拉手碗状饰板。

❷ 拆卸内饰板四周的螺栓及拉手处的螺栓（图 5-4-2）。

图 5-4-2　拆卸内饰板螺栓

❸ 取下内饰板（图 5-4-3）。

图 5-4-3　取下内饰板

拆除内饰板小窍门：按从下往上的顺序往外拉，遇到拔不动的部位，使用带角度的塑料翘片拆掉里面塑料紧固件。

❹ 把原车的喇叭替换成升级的喇叭，如果需要在原车没有喇叭位的地方加

装喇叭，那么需要重新开洞，常见的是后门的中音喇叭缺失。

❺ 中控平台的中置喇叭一般都有预留安装孔位，只要把饰板拆开，把新的中置喇叭装上即可。

❻ 低音喇叭一般放在车底，大致方位在主副驾驶位座椅的下方，只需要把地毯掀起，座椅拆开，即可看到低音喇叭的盖板（图5-4-4）。

图 5-4-4　安装低音喇叭

❼ 根据事前设计好的线路走线（图5-4-5），如果需要改动车载主机和更换更大功率的功放，在走线时要额外小心，因为一旦接错线，后续排除故障会非常麻烦。

图 5-4-5　车载低音喇叭接线示意

❽ 接线完毕后，对车辆编程（图5-4-6）。
❾ 编程后测试音响是否能正常使用。

(4) 质检
❶ 检查音响系统有无出现爆音情况。
❷ 检查音响系统喇叭有无出现共振情况。

第 5 章 汽车电气改装

图 5-4-6 对车辆编程

5.5 改装汽车电动尾门

5.5.1 如何合理选择电动尾门

视频精讲

（1）安全性

汽车电动尾门对汽车安全来讲，首先要保证车门的正常开合，正常闭锁，解锁。其次在开关门的同时要预防人的夹伤和碰伤。电动尾门具备智能防夹功能，当尾门运行中，如果遇到障碍，会立刻反向运转，避免夹伤。电动尾门运行平稳匀速，车门匀速平稳开合，开、关单程运行时间控制在 4～6 s，达到车厂要求，有效避免碰伤。

（2）使用寿命

电动尾门作为汽车部件，需要随车质保，汽车的质保期一般是三年或十万千米，这就要求电动尾门的核心部件必须具备汽车要求的使用寿命。酷斯特电动尾门承诺四年或十二万千米的超长质保期。

（3）适应各种气候和环境

一款合格的电动尾门，需要在各种气候和环境下都能正常使用，这就对电动尾门各零部件的高温、低温、潮湿、防水、防锈等特性要求非常高。酷斯特电动尾门，在品质控制上非常严格，产品经过盐雾测试、高低温测试、防水性测试等各种环境的考验，全部按照车厂标准执行，能在各种恶劣的气候和环境下正常运行。

（4）各种情况下都能正常开启

汽车电动尾门在使用的过程中，不可能一直是平稳的情况，上坡、下坡、车身倾斜的情况时有发生，这就要求电动尾门要适合各种路况的使用要求，保证各种情况下汽车尾门都能正常开合。酷斯特电动尾门的电动撑杆里面设计有阻尼器，有效防止车辆在特殊工况下，如车辆处于较大坡度状态下，当尾门在上升过程或停在高点位置，由于撑杆推力力矩不足而导致的尾门下掉现象，使电动尾门具备更加可靠的安全操控性。

（5）尽可能减小开关门的声音

一款合格的电动尾门，在开关门声音上是很有讲究的，电动撑杆是电动机驱动的传动部件，其电动产品固有声音如何控制在车主接受的范围之内是很有技术学问的。酷斯特电动尾门内置电吸装置，三级锁扣实现极致静音（图5-5-1）。

图 5-5-1　电动尾门

5.5.2　施工与质检

（1）施工前准备

对应清单，清点零部件，检查接口是否完好，将各零部件展开排列，以便清晰地找出部件。

（2）所需工具

❶ 常规机修工具组套。

❷ 电动尾门改装套件（图5-5-2）。

（3）施工过程

❶ 取下尾门装饰板螺栓。

❷ 用撬板拆开盖板。

❸ 取下螺栓，拆开盖板。

❹ 取下后备厢中备胎周边的泡沫螺栓。
❺ 把后备厢的盖板拆开（图5-5-3）。

图 5-5-2　电动尾门改装套件

图 5-5-3　拆卸后备厢盖板

❻ 取下后备厢左边上方装饰板。
❼ 取下后备厢左边装饰板螺栓。
❽ 拆开后备厢左边装饰板，取下后备厢灯线。
❾ 取下后备厢左边装饰板，取下后备厢上方的胶扣。
❿ 对插好锁头控制线、按键控制线（图5-5-4）。

图 5-5-4　连接线束

⓫ 把电源线/地线/前按键走线至主驾驶下方保险盒位置（图 5-5-5）。

图 5-5-5　把电源线/地线/前按键走线至主驾驶下方保险盒位置

⓬ 取下原车左右撑杆（图 5-5-6）、支架和尾门上的球钉，再更换支架和尾门球钉（图 5-5-7）。

图 5-5-6　取下原车左右撑杆

图 5-5-7　更换支架和尾门球钉

⓭ 装好撑杆，注意球头帽的卡簧要扣到位，注意区分左右撑杆（图 5-5-8）。

图 5-5-8　安装撑杆

⑭ 把原车锁头取下,换上新锁头,并把电吸盒放置后备厢左侧固定好。

⑮ 在后备厢左边固定好控制盒和电吸盒并插好连接线(图 5-5-9 和图 5-5-10)。

图 5-5-9　安装控制盒

图 5-5-10　固定控制盒

⑯ 在驾驶位左侧饰板上用 22mm 打孔器打孔,装上尾门按键并插好线束

（图 5-5-11）。

(4) 质检

❶ 检查尾门是否能正常开合。

❷ 检查尾门缝隙是否平均一致。

❸ 检查尾门开关过程是否有异响。

❹ 检查尾门防夹功能是否正常。

视频精讲

图 5-5-11　安装尾门按键和线束

5.6　改装汽车电动踏板

5.6.1　如何选购电动踏板

市面上的电动踏板的结构大致分为两类：新款揽胜运动款（专车专用，底盘有预留安装螺栓孔位）和新款保时捷卡宴（用 C 形扣固定在车身侧梁）。

(1) 外形

在选购电动踏板的时候要选外形更贴合车型的产品。目前部分产品外形设计比较随意，在开合的情况下有可能会出现与车身摩擦的可能，所以在选购时必须选择专车专用的电动踏板。

(2) 通过性

部分产品在设计时踏板的电机以及"关节"会设计得比较低，从而影响到车辆的通过性，所以在选择踏板的时候要注意电机以及"关节"的位置。

(3) 安装位置

选购时尽可能选择原车孔安装的电动踏板。部分产品在设计的时候，没有按照原车螺栓孔设计，导致安装时只能重新打孔，如果处理不当就会导致车架

生锈。所以选购时要选择采用原车孔位安装的电动踏板

（4）免破线安装

市面上有部分产品仍然需要破线安装，这种安装方法容易导致电线短路、老化、进水等情况。所以在选择产品的时候，尽量选择能够无损安装的电动踏板。

5.6.2　施工与质检

（1）施工前准备

清洁车辆两侧侧裙底部，用气枪把沉积的泥沙喷除干净。

（2）所需工具

常规汽修工具。

（3）施工过程

❶ 先把电动踏板原地预组装，比照一下电动踏板安装在车身上的位置。

❷ 电动踏板吊挂的位置一般都有下挡泥板遮盖，抬起车辆，在需要安装电动踏板的挡泥板位置预先做记号。

❸ 把遮盖的挡泥板拆除（图5-6-1），再根据记号切割挡泥板。

❹ 安装踏板两头的吊挂机构。

a. 线路：有一部分车型，车身自带电动踏板的预留插口，只需要插口对插后编程激活电动踏板控制模块即可使用（图5-6-2）。如果没有自带预留插口，测量车辆开门自动亮起的迎宾灯线路并连接即可。

图5-6-1　拆卸挡泥板

图5-6-2　连接线路

b. 走线：把线路埋在车辆两侧车门门槛盖板下方，经过后轮拱从后杠防水橡胶盖穿出车厢外，用引线器经后杠两侧到达电动踏板电机插头。

❺ 安装踏板剩余部件，车辆通电，测试电动踏板是否能正常工作。

❻ 复原车辆：安装完毕并测试电动踏板能正常工作后，升起车辆，用密封

胶包裹电动踏板外露的插头、螺栓，以免进入水烧坏电机或者引起短路。

❼ 采用 C 形扣安装的电动踏板安装完毕后必须对踏板进行调平（图 5-6-3）。

图 5-6-3　踏板调平

（4）质检

❶ 检查踏板是否安装牢固。

❷ 检查踏板安装位置是否左右对称。

❸ 反复开关所有车门，检查踏板是否存在与车门之间的摩擦。

5.7　改装汽车一键启动

5.7.1　如何合理选择一键启动

（1）无钥匙进入

目前市场上有不少加装一键启动的产品，但有很多产品都只有一键启动的功能，并没有无钥匙进入的功能。所以为使改装后的车辆达到理想的效果，在选购一键启动的时候，无钥匙进入也是非常有必要考虑的一个功能。

（2）功能性

一键启动改装已经从单一的启动发展为多种功能，所以在选购的时候也要注意有哪些功能，最好有一键升窗和远程启动功能（图 5-7-1）。

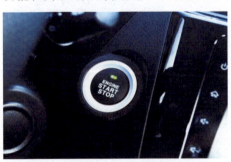

图 5-7-1　一键启动

第 5 章 汽车电气改装

5.7.2 施工与质检

（1）施工前准备

❶ 准备拆卸工具。

❷ 检查配件是否齐全。

（2）所需工具

常规内饰拆装工具组套。

（3）施工过程

❶ 拆卸方向盘柱和饰板（图 5-7-2、图 5-7-3）。

图 5-7-2 拆卸方向盘柱

图 5-7-3 拆卸饰板

❷ 拆解机械钥匙锁芯（图 5-7-4）。

图 5-7-4 拆解机械钥匙锁芯

❸ 拆下机械钥匙锁总成（图 5-7-5）。

141

图 5-7-5　拆下机械钥匙锁总成

❹ 安装一把机械钥匙在钥匙锁芯上（图 5-7-6）。

图 5-7-6　安装一把机械钥匙在钥匙锁芯上

> **注意：**
>
> 机械钥匙感应线圈必须在机械钥匙锁芯上。

❺ 把一键启动与钥匙锁芯转接线等线束接好。
❻ 把一键启动控制器与钥匙锁芯藏好在车里。
❼ 把一键启动按键安装好。
❽ 把拆卸的饰板复原（图 5-7-7）。

（4）质检
❶ 反复检查启动功能是否能够正常运作。
❷ 检查无钥匙进入功能感应范围是否合理。

❸ 检查一键启动其他功是否完全。
❹ 检查安装后原车装饰是否安装到位。

图 5-7-7 把拆卸的饰板复原

5.8 加装电子油门加速器

5.8.1 如何合理选择电子油门加速器

（1）选择语言

市场上较多产品都是英文显示或者以代号为主，导致有部分车主很难读懂。目前市场已经有很多带有中文显示的电子油门加速器提供给部分车主选择。

（2）无损安装

在选购电子油门加速器（图 5-8-1）时尽可能选择无损安装的产品。毕竟电子油门加速器是与 ECU 一同工作的，如果需要破线安装，可能会对车辆留下隐患。

图 5-8-1 电子油门加速器

视频精讲

5.8.2 施工与质检

（1）施工前准备

检查线路接口，准备好所需工具，检查参数是否匹配。

（2）所需工具

常规内饰拆装工具组套。

（3）施工过程

❶ 找到原车油门端口（图5-8-2），一般都会在油门踏板后面或下面（根据车型不同位置会有点偏差，但不会太大）。

图5-8-2　原车油门端口

> 注意：
>
> 个别车型需要拆下油门踏板，如宝马、奔驰。

❷ 拔掉原车电子油门端口，注意看好端口卡扣（图5-8-3），找对方法再拔开，以免损坏。

图5-8-3　端口卡扣

视频精讲

❸ 拿出电子油门加速器主机，对准原车端口插好，由于端口是专车专用，请看好端口是否匹配。安装完后用绑带将多余的线路绑好。

❹ 安装显示屏（图 5-8-4），用线连接到主机。然后启动汽车看屏幕是否亮起，模式调节是否正常，如没有问题，把线路理好，不要影响驾驶，再将显示器固定在方便调整的位置即可。

图 5-8-4　安装显示屏

（4）质检

❶ 测试油门加速器各个模式是否正常使用。

❷ 检查控制器位置是否合理。

5.9　更换液晶仪表

（1）如何选择液晶仪表

选择专车专用的即可，以宝马 3 系改装液晶仪表为例。

（2）施工前准备

❶ 断开 12V 蓄电池电源。

❷ 拆卸和安装时，组合仪表可能会损坏仪表板的真皮包覆。

❸ 为了避免损坏，必须在仪表板左右两侧安装上黄色塑料胶带 1（图 5-9-1）。

图 5-9-1　在仪表板左右两侧安装上黄色塑料胶带

视频精讲

（3）所需工具

常规工具、黄色塑料胶带

（4）施工过程

❶ 松开螺栓1（图5-9-2）。

❷ 沿图5-9-2中箭头方向取下组合仪表。

❸ 脱开插头连接1，拆下组合仪表2（图5-9-3）。

图5-9-2　拆卸原车仪表

图5-9-3　拔下插接器

❹ 安装新的液晶仪表。

注意：

组合仪表2的固定板1必须准确地安装在仪表板的定位件上（图5-9-4）。

图5-9-4　安装仪表

❺ 使用宝马工程师软件对车辆电脑进行编程，删除6WA（半液晶），加入6WB（全液晶）（图5-9-5）。

第 5 章 汽车电气改装

图 5-9-5 修改代码

❻ 使用电脑诊断仪 ISTA 对仪表进行设码（图 5-9-6）。

视频精讲

图 5-9-6 对仪表设码

> **注意：**
> 若主机有光纤到仪表，可以不设码；若主机没有光纤，做好光纤到仪表设码。改半液晶时也用这些方法。设码完成后，锁车 15min，减少红点出现的概率。

147

(5)质检

❶ 检查仪表安装是否到位。

❷ 检查仪表板是否有损坏。

❸ 检查改装后的全液晶仪表能否正常工作(图 5-9-7)。

图 5-9-7　改装后的全液晶仪表

5.10　改装抬头显示器

(1)如何选择抬头显示器

宝马 530LiG38 改装抬头显示器,选择专车专用的即可。

抬头数字显示仪(Heads Up Display),即风窗玻璃仪表显示,又叫平视显示系统,它可以把重要的信息映射在风窗玻璃上的全息半镜上,使驾驶员不必低头就能看清重要的信息,大大提高了驾驶汽车的安全性。

HUD 具备以下优点。

❶ 驾驶员不必低头,就可以看到信息,从而避免分散对前方道路的注意力。

❷ 驾驶员不必在观察远方的道路和近处的仪表之间调节眼睛,可避免眼睛的疲劳。

(2)施工前准备

❶ 准备抬头显示器套件(图 5-10-1)。

❷ 断开所有蓄电池负极导线。

(3)所需工具

常规工具、黄色塑料胶带、诊断电脑。

图 5-10-1　抬头显示器套件

(4) 施工过程

① 拆卸后座区自动空调的操作面板（带 4 区控制的自动恒温空调）。
② 拆卸后座区新鲜空气格栅（带 4 区控制的冷暖空调）。
③ 拆卸后部中控台饰板。
④ 拆下中间扶手杂物箱。
⑤ 拆下中间扶手。
⑥ 拆卸前部杂物箱遮板。
⑦ 拆卸中控台饰板。
⑧ 拆下饮料杯架。
⑨ 拆下踏板装置饰件。
⑩ 拆卸右侧脚部空间饰板。
⑪ 拆卸无线充电盒。
⑫ 拆下中央控制台。
⑬ 拆卸右侧仪表板上的侧挡板。
⑭ 拆下右侧仪表板上的装饰条。
⑮ 拆下收音机操作单元和空调操作面板（图 5-10-2）。

视频精讲

图 5-10-2　拆下收音机操作单元和空调操作面板

a. 将收音机操作单元和空调操作面板 2 用专用工具 2 298 505 从下方开始从卡子 1 中压出。

b. 抽出收音机操作单元和空调操作面板 2。

c. 解除联锁并脱开插头 1（图 5-10-3）。

d. 将电缆 2 从收音机操作单元和空调操作面板 3 中松开。

图 5-10-3　解除联锁

⑯ 拆卸机头高级单元（HU-H）。

⑰ 拆卸仪表板上的扬声器挡板。

⑱ 将中音喇叭安装到仪表板中。

⑲ 拆卸前部内部的两个车门槛板嵌条。

⑳ 拆卸左侧 A 柱脚部空间中的侧饰板。

㉑ 拆下右侧 A 柱脚部空间内的侧饰板。

㉒ 拆卸左右 A 柱挡板。

a. 注意安全气囊。

b. 在对安全气囊执行所有维修工作前，断开蓄电池上的蓄电池负极导线。

㉓ 拆卸左侧仪表板上的侧挡板。

㉔ 拆卸车灯操作单元（图 5-10-4）。

a. 用胶带保护灯光操作单元 1 周围的工作范围。

b. 在标记位置将灯光操作单元 1 借助专用工具松脱。

c. 将灯光操作单元 1 沿箭头方向拆卸。

d. 将插头 1 从车灯操作单元 2 上解锁并脱开（图 5-10-5）。

㉕ 拆下左侧仪表板上的装饰条。

第 5 章 汽车电气改装

图 5-10-4　拆卸灯光操作单元

图 5-10-5　拔出插接器

㉖ 拆下中央信息显示器（CID）（图 5-10-6）

图 5-10-6　拆下中央信息显示器（CID）

a. 松开螺栓 1 并将中央信息显示器（CID）2 从仪表板中抽出。
b. 解除联锁并脱开插头 1（图 5-10-7）。
c. 取下中央信息显示器（CID）2。

图 5-10-7　解除联锁并脱开插头

㉗ 拆卸左侧翻盖箱。

㉘ 拆卸方向盘的安全气囊单元。在对安全气囊执行所有维修工作前，断开蓄电池上的负极导线。

㉙ 拆下方向盘。

㉚ 拆下转向柱饰板上部件。

㉛ 拆下转向柱饰件下部件。

㉜ 拆卸转向柱开关中心（SZL）。

㉝ 拆卸组合仪表（KOMBI）。

㉞ 拆下仪表板饰板。

㉟ 拆卸平视显示系统（图 5-10-8）。

图 5-10-8　拆卸平视显示系统

a. 松开螺栓 1。

b. 从架梁中抽出平视显示系统 2。

c. 将相应的电缆解除联锁并脱开。

㊱ 安装抬头显示器。

a. 在仪表台上挖好孔（图 5-10-9），安装盖板（图 5-10-10）。

图 5-10-9　在仪表台上挖好孔

图 5-10-10　安装盖板

b. 安装抬头显示器（图 5-10-11）。

图 5-10-11　安装抬头显示器

㊲ 按顺序复原车辆。

a. 使用宝马工程师软件对车辆进行编码（图 5-10-12）。

图 5-10-12　对车辆进行编码

b. 对选中的模块进行设码（图 5-10-13）。

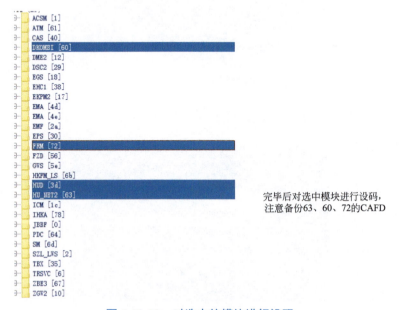

图 5-10-13　对选中的模块进行设码

c. 注意备份 63、60、72 的 CAFD。

d. 在中央显示屏可对抬头显示系统进行设置（图 5-10-14）。

图 5-10-14　对抬头显示系统进行设置

（5）质检

❶ 检查仪表及仪表零部件安装是否到位。

❷ 检查仪表是否正常工作（图 5-10-15）。

图 5-10-15　检查仪表是否正常工作

❸ 检查抬头显示器能否正常工作（图 5-10-16）。

图 5-10-16　检查抬头显示器能否正常工作

❹ 路试（图 5-10-17），检查抬头显示器能否正常工作、仪表是否有异响。

图 5-10-17　路试

视频精讲

视频精讲

视频精讲

视频精讲

第 6 章
内饰改装

6.1 改装星空顶

6.1.1 如何合理选择星空顶

（1）光源选择

星空顶的光源全靠一个 LED 光源，目前市面上有很多不同 LED 光源的星空顶，所以在选择的时候应注意，不要贪图便宜，一定要选择可靠的 LED 光源。

（2）光纤

光纤的选择固然重要，光纤是把光传递上车顶媒介。当然光纤也有好坏，不好的光纤老化会很快，从而会影响光的效果，所以在选星空顶的时候光纤也是很有必要注意的一项。

（3）控制器

随着时代的进步，星空顶从最开始的单一发光进化到现在的可变调节，所以控制器的选择也是至关重要的。一个好的控制器可以自由变换亮度，在白天可以自动调高亮度以便更好呈现；晚上可以自动降低亮度，防止影响行车安全。

更有些比较高级的产品可以用手机遥控进行变换颜色，所以对控制器的选择也是至关重要的。

（4）安装的选择

星空顶（图6-1-1）安装后的最终效果与安装手艺有着莫大的关系，首先就是光纤的分布，不可以过分有规律，因为这样会影响星空的呈现效果。除此之外在安装星空顶的过程中是需要拆除内饰的，所以对技师的技术要求也是比较高的。在安装时要找当地比较有口碑的店铺进行安装。

图 6-1-1　星空顶

6.1.2　施工与质检

（1）施工前准备

天窗遮阳帘不能安装星空顶，理清线路排列，选择预装位置，检查各线路有无损伤。

（2）所需工具

内饰拆装工具组套、热风枪、平口剪钳、脱胶剂、环保黏合剂。

（3）施工过程

❶ 卸下 CD 柱盖板。

❷ 拆下前阅读灯盖板、后方车顶雷达天线盖板。

❸ 卸下车顶天花板（图 6-1-2）。

图 6-1-2　卸下车顶天花板

❹ 把天花板反面放置在工作台上。
❺ 检查光纤线束的每一根光纤是否都能正常发光。
❻ 用穿孔器把光纤一根一根均匀地穿进天花板（图 6-1-3），注意不能弯折光纤，否则不导光。

图 6-1-3　用穿孔器把光纤一根一根均匀地穿进天花板

❼ 光纤安插完毕后，把天花板安装回车上。
❽ 星空顶控制器接电（ACC）（图 6-1-4），遥控测试功能是否正常。

图 6-1-4　星空顶控制器接电

❾ 检查一切无误后，复原车辆。
❿ 最后把光纤多余凸出的部分剪掉（图 6-1-5）即可。

图 6-1-5　把光纤多余凸出的部分剪掉

(4)质检

❶ 用手抚摸检查光纤是否过分突出于顶棚表面。

❷ 检查星空顶是否存在光纤不发光现象(图6-1-6)。

❸ 检查顶棚是否安装好。

图6-1-6　检查星空顶是否存在光纤不发光现象

6.2　方向盘改装

(1)如何合理选择方向盘

选择专车专用的即可,以宝马3系改装f35为例。

(2)施工前准备

断开12V蓄电池负极。

(3)所需工具

常用工具一套、电脑诊断仪。

(4)施工过程

❶ 将星形螺丝刀T27(1)恰好伸入隐藏的开口,直至出现弹簧阻力(图6-2-1)。

❷ 用星形螺丝刀T27(1)沿箭头方向压入弹簧夹圈2,直至安全气囊单元解锁。

❸ 在左侧方向盘侧重复此操作方式并小心地抬起安全气囊单元。

注意:

放置安全气囊单元时只允许软垫(气囊)的一面朝上。

图 6-2-1 拆卸安全气囊

❹ 向后抬起安全气囊单元。
❺ 脱开插头连接 1 并拆下安全气囊单元（图 6-2-2）。

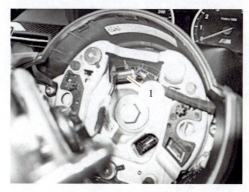

图 6-2-2 脱开插头连接

❻ 将车轮/跑车方向盘置于直线行驶位置。
❼ 脱开和拔下插头连接 1（图 6-2-3）。

图 6-2-3 拆下方向盘

❽ 松开螺栓2，拆下跑车方向盘。

> **提示**
>
> 是否安装了带机械防扭转装置的卷簧（图6-2-4）？

a. 无机械防扭转装置的卷簧（在零位标记的检视窗上可以看见），操作时不要扭转卷簧。

b. 安装了带机械防扭转装置的卷簧，操作时应检查中控开关转向柱上卷簧的零位。只有当可清晰见到黄色标记1时，零位才正确。

图6-2-4　带机械防扭转装置的卷簧

❾ 安装新方向盘（图6-2-5）。

图6-2-5　安装新方向盘

❿ 安装好方向盘后用宝马工程师软件"E-sys"对相应模块设码,设码完成后删除故障码(图6-2-6)。

图6-2-6 对相应模块设码

⑪ 按顺序复原车辆。

(5) 质检

❶ 检查方向盘是否安装到位。

❷ 启动车辆，检查故障灯是否会点亮。

❸ 试车，检查车辆是否会有异响。

第 7 章
赛车改装

赛车改装，主要是针对赛车座椅及安装带，具体方法及步骤如下。

（1）如何选择合适的赛车座椅与安全带

赛车座椅和安全带改装属于车辆内饰改装，划分为可调式赛车座椅和桶椅（不可调式）。改装升级赛车座椅和安全带可以在高速行驶及激烈驾驶的情况下为驾驶员提供足够的身体支撑力和安全保障，提高驾驶质感。选择赛车座椅和安全带时必须要挑选结构稳固的赛车座椅，还有赛道认证的"五点式"安全带。一个好的赛车座椅不但能够为车内增加更加强烈的运动氛围，还可以在驾驶车辆的同时给驾驶员足够的支撑与保护。高速过弯的时候车辆和驾驶员倾侧非常严重，改装赛车座椅可以最大限度对倾侧的身体进行及时承托，改装赛道认证安全带可以进入正规赛道驾驶，同时保护个人安全。

（2）施工前准备

❶ 先拆除原车座椅和原车安全带（图 7-0-1）。

❷ 检查赛车座椅底座是否需要定制焊接。

❸ 检查原车底座孔位是否可以正常固定。

（3）所需工具

❶ 赛车座椅（图 7-0-2）。

❷ 认证赛车"五点式"安全带（图 7-0-3）。

图 7-0-1　拆除原车座椅和原车安全带

❸ 安装赛车座椅专车专用固定脚架（图 7-0-4）。
❹ 安装扳手工具套装和固定用螺栓（图 7-0-5）。

图 7-0-2　赛车座椅

图 7-0-3　认证赛车"五点式"安全带

图 7-0-4　安装赛车座椅专车专用固定脚架

图 7-0-5　安装扳手工具套装和固定用螺栓

（4）施工过程

❶ 把座椅专车专用脚架和赛车座椅安装固定上，使用专用螺栓固定座椅和脚架并连接在一起（图7-0-6）。

❷ 把整张已经安装脚架的赛车座椅移动到驾驶位上，使用专用工具把脚架和车身孔位连接好。

❸ 把"五点式"安全带卡扣固定在脚架上，覆盖在赛车座椅乘坐部位（图7-0-7）。

图7-0-6　安装赛车座椅

图7-0-7　安装"五点式"安全带

（5）质检

❶ 检查安装好的赛车座椅是否有松动和错位，注意上紧牢固（图7-0-8）。

❷ 检查调节装置是否可以正常使用（正常前后调节）。

❸ 检查安全带卡扣是否完全固定在车用脚架上，保证使用安全带的时候不

会出现松脱(图 7-0-9)。

图 7-0-8　检查"五点式"安全带是否已经安装好

图 7-0-9　检查"五点式"安全带能否正常使用